JN433704

술술 풀어가는 영어성경 영문법

마태복음

술술풀어가는 영어성경영문법

-마태복음-

1판 1쇄 2008년 6월 10일
1판 2쇄 2021년 2월 10일

지 은 이 | 김복희
펴 낸 이 | 김진수
펴 낸 곳 | 한국문화사
등 록 | 제1994-9호
주 소 | 서울시 성동구 아차산로49, 404호(성수동1가, 서울숲코오롱디지털타워3차)
전 화 | 02-464-7708
팩 스 | 02-499-0846
이 메 일 | hkm7708@hanmail.net
홈페이지 | http://hph.co.kr

Copyright ⓒ김복희
사진·삽화 김복희

ISBN 978-89-5726-567-3 93740

• 이 책의 내용은 저작권법에 따라 보호받고 있습니다.
• 잘못된 책은 구매처에서 바꾸어 드립니다.
• 책값은 뒤표지에 있습니다.

술술 풀어가는 영어성경 영문법

>>> 마태복음

김 복 희 지음

한국문화사

머리말

러시아에서 10년 넘게 목회하셨던 어느 목사님은 영어를 등한시하고 러시아어만 공부했던 것을 몹시 후회하시면서 러시아어 대신 영어를 공부했더라면 지금쯤 능통한 영어로 설교할 수 있었을 것이라고 말씀하셨다. 필리핀에서 2년 동안 선교하고 돌아 온 어느 학생도 한국어를 영어로 가르쳤던 경험을 말하면서 영어의 필요성을 절감하였다고 한다. 어학연수나 해외선교나 그 어떤 형태로든지 해외체험을 하고 오는 사람들이 공통으로 겪는 힘든 경험은 바로 영어이며 수많은 신학도의 공통된 질문도 영어로 설교를 어떻게 할 수 있는가와 영어로 된 설교를 우리말로 어떻게 통역하는가이다. 그와 같이 오늘날 영어는 일반인은 물론이고 크리스천에게는 더욱 필수적인 언어가 되어가고 있다. 특히 하나님의 지상명령인 선교를 수행하기 위해서는 국내에서만이 아니라 전 세계로 활동무대를 확장시킬 필요가 있기 때문에 영어는 복음전파의 중요한 도구역할이 되고 있다. 그러나 복음전파의 도구로써 영어를 사용해야 하는 사역자들의 고충은 복음에 대해서는 잘 알지만 영어라는 한계에 이른다는 점이다. 사역자를 키우는 신학대학교에서 10년 동안 영어를 가르치면서 느꼈던 것은 어떻게 하면 그들로 하여금 복음전파의 도구인 영어에 능통하게 할 것인가였다. 계속 고민하고 새로운 방법을 연구하다가 우선 혼동하기 쉬운 영문법을 영어성경안의 모든 구절을 통해 이해하기 쉽게 분석해야겠다는 생각이 들었다.

따라서 이것은 성경내용에 대한 책이 아니다. 영어성경의 모든 문장을 통해서 영문법을 완전하게 정복하고자 하는 것이 목표이다. 목회현장에서 사역하는 목사님, 사모님, 전도사님, 선교사님과 신학도 등 모든 분은 이미 성경에 대하여 해박한 지식을 갖고 있다. 따라서 이 책에서 필자는 감히 성경을 설명할 수는 없다. 성경에 능통한 교역자들이 이 책을 공부함으로써 영어에도 능통하여 세계의 모든 사역현장에서 영어라는 매개체를 통하여 설교하고 통역도 함으로써 하나님의 영광을 드러내기를 바랄 뿐이다. 필자는 영어성경 중에서도 마태복음에 나오는 영어성경구절을 철저히 분석하여 영문법을 수학의 공식처럼 만들었다. 특히 학생들이 구별하지 못해서 해석이 어려웠던 부분들에 중점을 두었으며 그중에서 한 문장 안에서도 용법에 따라 다르게 해석될 수 있는 that을 보여주기 위해 마태복음에 나오는 that을 모두 찾아 철저하게 분석하였다.

이 책의 가장 큰 특징은 포맷이다. 첫째, 대체로 기존의 영어성경책들이 신구약 중에서도 중요하다고 생각되는 부분만을 선택해서 분석한 것이라면 이 책은 마태복음 전체에 나오는 문법사항을 완전분석한 것이다. 둘째, 기존의 문법책들이 문법을 제목 중심으로 서술해서 설명했다면. 이 책은 혼돈되는 문법을 중심으로 마태복음 안의 공통된 문장을 전부 다 한 곳으로 모아서 반복공부하게 함으로써 그 혼돈된 문법을 완전히 마스터하게 하였다는 점이다. 다시 말하면, 일반영어문법책이나 독해책이 문법의 큰 제목, 즉 단순하게 '명사' '동사' '대명사' 등의 품사별 순서로 나열하고 설명하며 그에 해당하는 문장을 제시설명하는 포맷이라면 이 책은 품사별로 단순하게 나열하는 것이 아니라 평소에 혼동하기 쉬운 문법을 하나로 묶어 구체적으로 제시하고 설명하는 포맷이다. 셋째, 한 개의 문장 속에 두 개 이상의 문법사항이 들어 있는 것은 해당되는 각 문법에 같은 문장이 반복해서 들어가 있다. 예를 들어 어느 한 문장에서 현재분사와 관계대명사가 쓰여졌을 경우 이 문장을 현재분사 부분과 관계대명사 부분 둘 다에 포함시켰다.

이 책의 구성은 다음과 같다.

첫째, 먼저 문법의 타이틀을 제시하고 중요포인트를 표로 만들어 제시하면서 관련된 기본 예문을 보여주었다.

둘째, 성경원문을 보여주고 직역한 다음 그 문장의 핵심구조를 제시하였다.

셋째, 관련된 중요 단어와 숙어를 품사별로 풀이하였다.

넷째, 독해 포인트를 제시하였다.

다섯째, 각 페이지의 마지막 부분에는 앞에 설명한 성경구절을 의역하였다. 또한 성경내용과 관련된 지명을 지도로 그리거나 필자가 이스라엘 성지순례 때에 찍었던 사진 또는 직접 그린 그림을 실어서 본문의 내용을 조금 더 실감나도록 하였다.

부록으로, 신약성경의 각 제목부분을 영어와 그 약자로 표기하였고 마태복음에 나오는 영어용어를 몇 개의 주제별로 분류해놓았다.

이 책의 학습방법은 다음과 같다.

1) 직역부분을 보이지 않도록 덮은 후 모르는 단어나 숙어가 나오더라도 영어지문을 연상작용을 통해서 직역해본다.
2) 지문아래에 직역된 부분을 살펴보면서 다시 번역해본다.
3) 자신이 몰랐던 단어 숙어에 대한 설명을 보면서 지문을 다시 번역해본다.
4) 핵심구조와 설명을 살펴본 후 다시 번역해본다.
5) 마지막으로 의역부분을 살펴본다.
6) 단어와 숙어를 외우고 간단한 문장부터 큰 소리로 외운다.

예로부터 영어성경은 영어를 배우기에 가장 적합하고 훌륭한 교재라고 하였다. 이 책이 목사님과 선교사님, 그리고 신학도를 포함한 모든 크리스챤의 주님 사역에 조금이라도 도움이 되기를 원한다. 또한 신학도가 아닌 일반인도 이 책을 공부함으로써 신학과 관련되지 않은 일반영어시험, 즉 TOEIC, TOEFL, TEPS 등 여러 시험의 Reading에서도 고득점을 획득하기를 바라며 영문법에서 자유로워지기를 희망한다. 성경이 모든 것의 기본이고 특히 영어성경의 문장은 영어공부의 기본이 되기 때문이다.

끝으로 의역에서 사용된 우리말번역은 NIV (New International Version)에서 발췌했음을 밝혀둔다. 이 책을 출판하게 해주신 한국문화사 사장님과 김정희 실장님께 마음 깊이 감사를 드리고 편집을 맡아주신 최정미 과장님 이하 편집부 모든 분들에게도 심심한 감사를 표한다. 또한 교정을 도와준 희숙과 은주에게도 고마움을 전하고 싶다.

2008. 5.

학산 연구실에서

저자 김 복희

차례

마태복음

1. **주제:** 왕이신 그리스도. 예수 그리스도는 구약에 예언된 메시아로, 이 땅에 오셔서 구속의 사명을 이루신 유대인의 왕이다.

2. **배경:** '메시아사상'은 예언자 이사야로부터 7백여 년을 이어 내려온 유대인 최고의 대망이었다. 유대인들은 메시아가 나타나면 바벨론이나 로마 제국과 같은 강대국들을 몰아내고 세계 제일의 유대인 국가를 이룰 수 있다고 믿었다. 그들은 세례 요한과 예수가 기다리던 메시아인 줄 알고 비상한 관심을 쏟았으나 자신들의 기대에 충족되지 않자 오히려 예수를 죽여 버렸다.

3. **내용분해**

1) 예수의 탄생과 유년기: 1:1-2:23

2) 메시아 사역의 시작: 3:1-4:25

3) 하나님 나라의 윤리 선포: 5:1-7:29

4) 이적을 행하심: 8:1-9:38

5) 배척당하심: 10:1-16:12

6) 제자들을 가르치심: 16:13-20:28

7) 왕으로 등장하신 예수: 20:29-23:39

8) 수난과 재림에 대한 예언: 24:1-25:46

9) 수난과 죽음: 26:1-27:66

10) 부활: 28:1-20

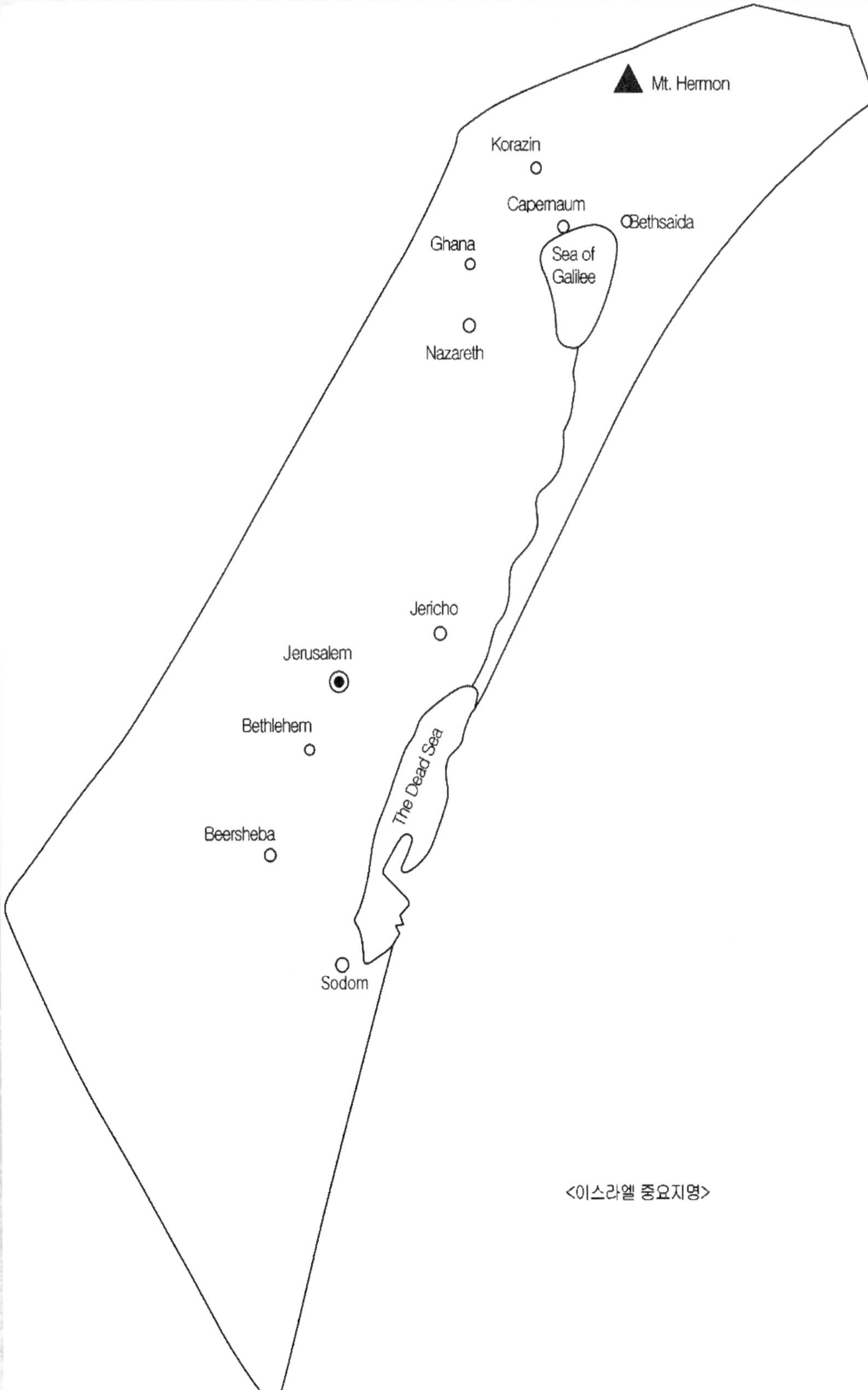
Mt. Hermon
Korazin
Capernaum
Bethsaida
Ghana
Sea of Galilee
Nazareth
Jericho
Jerusalem
Bethlehem
The Dead Sea
Beersheba
Sodom

<이스라엘 중요지명>

Chapter 1

that의 정체를 파악하자

POINT

◈ 지시대명사 that + 동사

◈ 지시형용사 that + 명사: 명사를 수식함

◈ 지시부사 that + 형용사(부사): 형용사나 부사를 수식함

◈ 종속접속사: 동사 + [that + 주어 + 동사]: 종속된 절을 만듦

◈ (종속접속사): 동사 + [✓ + 주어 + 동사]: that이 생략됨

◈ 관계대명사: 명사 + [that + 동사]: 뒤에 동사가 오면 주격

◈ 관계대명사: 명사 + [that + 주어 + 동사]: 뒤에 주어동사가 오면 목적격

◈ (관계대명사): 명사 +[✓ + 주어 + 동사]: 목적격은 생략됨

◈ so (that) + 주어 + may (can) + 동사원형

◈ such that + 주어 + may (can) + 동사원형

◈ It + 강조부분 + that + 주어 + 동사

◈ see (to it) that + 주어 + 동사

◈ How is it that + 주어 + 동사

01 지시대명사 that

저것은, 저것이, 그것이, 저 사람이

중요포인트

형태: that + 동사
동사 + that

지시대명사는 지시형용사나 지시부사처럼 꾸며주는 단어가 없다. 바로 뒤에 곧장 동사가 오거나 아무 것도 오지 않고 독립적으로 쓰인다.

예시

- 저것은 장미꽃이다. That is a rose.
- 저분은 김목사님이다. That is pastor Kim.
- 저것 좀 주세요. Please give me that.
- 이것저것 할 일이 많다. I have many things to do, this or that.

1 That is why miraculous powers are at work in him. (마14:2)

직역

그것은 기적적인 힘이 그에게서 작용한 이유이다.

성|경|해설 여기에서 him은 예수님을 의미한다.

단어 및 숙어의 확장

명 사 miracle 기적 / power 능력, 권능

형용사 miraculous 기적적인 / powerful 능력 있는, 권능의

숙 어 be at work 작용하다

의역

그러므로 이런 권능이 그 속에서 운동하는도다 하더라.

2 Are not even the tax collectors doing that? (마5:46)

직역

세금을 징수하는 자들조차도 그렇게 하지 않더냐? (그들도 그렇게 할 수 있다)

성|경|해설 여기에서 'that'이란 우리를 사랑하는 자를 사랑하는 것을 의미한다.

단어 및 숙어의 확장

명 사 tax 세금 / collector 거두는 사람, 징수자

동 사 collect 모으다, 거두다

부 사 even 조차도

의역

세리도 이같이 아니하느냐?

3 Do not even pagans do that? (마5:47)

직역

이방인들조차도 그렇게 하지 않더냐? (이방인들도 그렇게 할 수 있다)
성경해설 여기에서 'that'이란 형제에게만 문안하는 것을 의미한다.

단어 및 숙어의 확장

명 사 pagan 이방인

의역

이방인들도 이같이 아니하느냐?

4 If that is how God clothes the grass of the field, which is here today and tomorrow is thrown into the fire, will he not much more clothe you, O you of little faith? (마6:30-31)

직역

만약 그것이 하나님이 들의 풀에 옷을 입히시는 방법이라면, 그 풀은 오늘 이곳에 있다가 내일이면 불에 던져질 것인데, 하나님이 너에게 훨씬 더 옷을 잘 입히시지 않겠느냐, 오 믿음이 없는 자여?

단어 및 숙어의 확장

명 사 faith 믿음, 신앙(심), 신뢰
동 사 clothe 옷을 입히다 / throw 던지다 / throw-threw-thrown
숙 어 of faith=faithful=믿음이 있는 / of little faith=믿음이 거의 없는

의역

오늘 있다가 내일 아궁이에 던지우는 들풀도 하나님이 이렇게 입히시거든 하물며 너희일까 보냐 믿음이 적은 자들아.

5 For false Christs and false prophets will appear and perform great signs and miracles to deceive even the elect — if <u>that</u> were possible. (마24:24)

직역

왜냐하면 허위그리스도와 허위예언자들이 나타나서 커다란 징표와 기적을 행하며 심지어 선택된 자들까지도 속일 것이기 때문이다 – 그런 일이 가능하다면.

단어 및 숙어의 확장

동 사 deceive 속이다
형용사 false 허위의, 가짜의
숙 어 the elect=elect people=선택된 자들

참고

• that은 바로 앞 부분, 즉 "선택된 자들을 속이는 것"을 받는 지시대명사이다.

의역

거짓 그리스도들과 거짓 선지자들이 일어나 큰 표적과 기사를 보이어 할 수만 있으면 택하신 자들도 미혹하게 하리라.

6 Then the men stepped forward, seized Jesus and arrested him. With that, one of Jesus' companions reached for his sword, drew it out and struck the servant of the high priest, cutting off his ear. (마26:51)

직역

그때 그 사람들이 앞으로 걸어와서 예수님을 붙잡아 체포하였다. 그와 더불어 예수님과 동행한 자중의 한 명이 그의 칼에 손을 뻗어 빼들고 대제사장의 하인을 내리쳐서 그의 귀를 잘랐다.

단어 및 숙어의 확장

명 사 companion 동료, 동행인, 친구 / sword 칼, 검 / high priest 대제사장 / servant 종, 하인

동 사 seize 붙잡다, 꽉 쥐다 / arrest 체포하다 / draw-drew-drawn 뽑다 / strike-struck-struck 치다, 때리다

숙 어 reach for (어떤 물건을 잡으려고) 손, 발을 뻗치다

참고
- that은 바로 앞 문장을 받는 지시대명사이다

의역

이에 저희가 나아와 예수께 손을 대어 잡는지라 예수와 함께 있던 자 중에 하나가 손을 펴 검을 빼어 대제사장의 종을 쳐 그 귀를 떨어뜨리니.

7 What is that to us? (마27:4)

직역

저것은 우리에게 무엇인가?

성경해설 삼십에 예수님을 팔았던 유다가 스스로 뉘우친 후 그 돈을 대제사장들과 장로들에게 다시 갖다 주었을 때 그들이 유다에게 했던 말이다.

참고
- that은 지시대명사이다

의역

그것이 우리에게 무슨 상관이 있느냐?

8 That's your responsibility. (마27:4)

직역

그것은 너의 책임이다.

성경해설 대제사장들과 장로들이 유다에게 했던 말이다. 이 말을 듣고 유다는 은을 성소에 던져 넣고 물러가서 스스로 목매어 죽었다. —(마27:3-5)

단어 및 숙어의 확장

명 사 responsibility 책임감

숙 어 be responsible for=...에 대해 책임지다

참고
- that은 지시대명사이다.

의역

네가 당하라.

9 That is why it has been called the Field of Blood to this day. (마27:8)

직역

그것이 바로 오늘날까지 피밭이라 불리웠던 이유이다.

단어 및 숙어의 확장

숙어 to this day: 오늘날까지

참고
• that은 지시대명사이다.

의역

그러므로 오늘날까지 그 밭을 피밭이라 일컫느니라.

TIP 지시대명사의 다른 형태

예시 1

- Your room is bigger than the room of mine.
  (너의 방은 나의 방보다 더 크다)

이 문장에서 room이 앞부분에 나와 있기 때문에 반복을 피하기 위해 뒷부분의 room을 지시대명사 that으로 바꾸면 다음과 같다.

- Your room is bigger than that of mine.

예시 2

- The climate of Italy is similar to the climate of Korea.
  (이태리의 기후는 한국의 기후와 비슷하다)

이 문장에서도 climate가 반복돼있다. 이 문장을 지시대명사 that을 사용해서 고치면 다음과 같다.

- The climate of Italy is similar to that of Korea.

그러나 반복되는 명사가 복수일 경우에는 that의 복수형 those를 사용한다.

예시 3

- The ears of a rabbit are longer than the ears of a fox.
  (토끼의 귀는 여우의 귀보다 더 길다)
- The ears of a rabbit are longer than those of a fox.

10 For I tell you that unless your righteousness surpasses that of the Pharisees and the teachers of the law, you will certainly not enter the kingdom of heaven. (마5:20)

직역

내가 너희에게 말한다. 너희의 정의가 바리새인과 법을 가르치는 교사들의 정의보다 낫지 않으면, 너희는 천국에 들어가지 못할 것이 확실하다고.

핵심구조

(동사) tell + (종속접속사)that + (주어) you + (동사) will certainly not enter....
(unless부터 the law까지는 부사절이다)

단어 및 숙어의 확장

명사 righteousness 정의 / Pharisee 바리새인
동사 surpass 능가하다, 낫다
접속사 unless=if... not~ = ~가 아니라면

참고
- surpasses 다음에 있는 that은 righteousness를 받는 지시대명사이다.
- unless 앞에 있는 that은 종속접속사. (pp.41-42 참고)

의역

내가 너희에게 이르노니 너희 의가 서기관과 바리새인보다 더 낫지 못하면 결단코 천국에 들어가지 못하리라.

02

지시형용사 that이 들어간 문장

중요포인트

형태: that + 명사

지시형용사 that 다음에는 반드시 명사가 온다. 이때 that은 명사를 수식한다.

예시

- 내게 저 책을 주세요. Give me that book.
- 저 커피는 향이 좋군요. That coffee smells sweet.
- 옆에 있는 그 사람은 누구인가요? Who is that man beside you?

1 At that moment heaven was opened and he saw the Spirit of God descending like a dove and lighting on him. (마3:16)

직역

그 순간 천국이 열리고 그는 하나님의 영이 비둘기처럼 내려와서 그를 비추는 것을 보았다.

단어 및 숙어의 확장

명 사 Spirit of God 성령 / dove (山)비둘기 / pigeon (집)비둘기 / lighting 빛, 채광, 조명

동 사 see-saw-seen / descend 내려가다(오다) 내리다 / light 비추다, 밝게 하다, 빛내다

숙 어 at that moment 그 순간

참고
- that은 moment를 수식하는 지시형용사이다.

의역

곧 하늘이 열리고 하나님의 성령이 비둘기 같이 내려 자기 위에 임하심을 보시더니.

2 From that time on Jesus began to preach, "Repent, for the kingdom of heaven is near." (마4:17)

직역

그때부터 예수님은 "회개하라, 천국이 가까이 왔다"고 설교하기 시작하였다.

단어 및 숙어의 확장

동 사 preach 전도하다, 설교하다 / begin-began-begun / repent 회개하다, 참회하다, 후회하다

참고 • that은 time을 수식하는 지시형용사이다.

의역

이때부터 예수께서 비로소 전파하여 가라사대 회개하라 천국이 가까웠느니라 하시더라.

3 From that time on Jesus began to explain to his disciples that he must go to Jerusalem and suffer many things at the hands of the elders, chief priests and teachers of the law, and that he must be killed and on the third day be raised to life. (마16:21)

직역

그때부터 예수님은 그의 제자들에게 설명하기 시작하셨다. 즉 자신은 예루살렘으로 가서 장로들과 제사장들과 율법학자들에 의하여 수많은 고난을 당하셔야만 한다는 것과 죽임을 당한 뒤 사흘 만에 다시 살아나야한다고.

단어 및 숙어의 확장

명 사 disciple 제자 / elder 장로 / chief priest 대제사장 / teacher of the law 율법학자

동 사 suffer 고통을 겪다, 괴로워하다 / raise (위로)올리다, 되살리다

숙 어 at the hands of=아무의 손에 의해, 아무에 의해

참고
- 첫 번째 that은 time을 수식하는 지시형용사이다.
- 두 번째 that과 세 번째 that은 종속접속사로서 explain의 목적어이며 명사절을 이끈다.

의역

이때로부터 예수 그리스도께서 자기가 예루살렘에 올라가 장로들과 대제사장들과 서기관들에게 많은 고난을 받고 죽임을 당하고 제 삼일에 살아나야 할 것을 제자들에게 비로소 가르치시니.

4 At that time Jesus said, "I praise you, Father." (마11:25)

직역

그 당시(그때) 예수님은 말씀하셨다. "아버지여, 당신을 찬양합니다."

단어 및 숙어의 확장

동 사 praise 찬양하다, 찬미하다, 칭찬하다

참고
- that은 time을 수식하는 지시형용사이다

의역

그 때에 예수께서 대답하여 가라사대 천지의 주재(主宰)이신 아버지여.

5 At that time I will tell the harvesters: (마13:30)

직역

그때 나는 추수꾼들에게 말할 것이다.

단어 및 숙어의 확장

명 사 harvest 추수, 수확 / harvester 추수자, 수확자, 추수꾼

참고 • that은 time을 수식하는 지시형용사이다.

의역

추수 때에 내가 추수꾼들에게 말하기를.

6 Many will say to me on that day, "Lord, Lord, did we not prophesy in your name, and in your name drive out demons and perform many miracles?" (마7:22)

직역

그날 나에게 수많은 사람들이 이렇게 말할 것이다, "주여, 주여, 우리가 당신의 이름으로 예언하지 않았나이까? 우리가 당신의 이름으로 악마를 축출하며 수많은 기적을 행하지 않았나이까?"

단어 및 숙어의 확장

명 사 prophecy 예언 / prophet 예언자 / demon 악마, 귀신 / miracle 기적

동 사 prophesy 예언하다, 예측하다 / drive out 추방하다, 몰아내다, 배격하다 / perform 행하다

참고
• that은 day를 수식하는 지시형용사이다.
• many 다음에는 people이 생략되어 있다.

의역

그 날에 많은 사람이 나더러 이르되 주여 주여 우리가 주의 이름으로 선지자 노릇 하며 주의 이름으로 귀신을 쫓아내며 주의 이름으로 많은 권능을 행치 아니하였나이까 하리니.

7 The rain came down, the streams rose, and the winds blew and beat against that house; (마7:25)

직역

비가 내리고 시냇물은 불어나고 바람이 불어 닥쳐서 그 집을 무너뜨렸다.

단어 및 숙어의 확장

명 사 stream 시냇물
동 사 rise-rose-risen (강물이)불어나다 / blow-blew-blown(바람이)불다

참고
• that은 house를 수식하는 지시형용사이다.

의역

비가 내리고 창수(漲水)가 나고 바람이 불어 그 집에 부딪치되.

8 I tell this one, 'Go,' and he goes, and that one 'Come,' and he comes. (마8:9)

직역

나는 이 사람에게 '가라'고 말하면 그는 가고, 저 사람에게 '오라'고 말하면 그가 온다.

참고
- that은 one을 수식하는 지시형용사이다.

의역

이더러 가라 하면 가고 저더러 오라 하면 오고.

9 They were so violent that no one could pass that way. (마8:28)

직역

그들은 너무도 폭력적이어서 아무도 그 길을 통과할 수 없었다.
성|경|해|설 'they'는 귀신들린 두 사람이다.

단어 및 숙어의 확장

형용사 violent 폭력적인, 격렬한, 맹렬한

참고
- that way에서 that은 way를 수식하는 지시형용사이다.
- so...that-: 너무...해서-하다.

의역

저희는 심히 사나와 아무도 그 길로 지나갈 수 없을 만하더라.

10 Jesus turned and saw her. "Take heart, daughter," he said, "your faith has healed you." And the woman was healed from that moment. (마9:22)

직역

예수님은 돌아서서 그 여자를 보았다. 그는 말씀하셨다. "마음을 붙잡아라, 딸아, 너의 믿음이 너를 치료하였다." 그러자 그 여자는 바로 그 순간부터 치료되었다.

단어 및 숙어의 확장

동 사 heal 치료하다, 치유하다

참고 • that은 moment를 수식하는 지시형용사이다.

의역

예수께서 돌이켜 그를 보시며 가라사대 딸아 안심하라 네 믿음이 너를 구원하였다 하시니 여자가 그 시로 구원을 받으니라.

11 News of this spread through all that region. (마9:26)

직역

이것에 대한 소식은 그 지역 모두를 통하여 확산되었다.

성|경|해|설 예수님께서 죽은 소녀를 살리시고 혈루증 여인을 치료하셨다는 소식을 의미한다.

단어 및 숙어의 확장

동 사 spread-spread-spread (명성, 소문, 유행, 불이) 퍼지다, 번지다, 전해지다

참고 • that은 region을 수식하는 지시형용사이다.

의역

그 소문이 그 온 땅에 퍼지더라.

12 If anyone will not welcome you or listen to your words, shake the dust off your feet when you leave <u>that</u> home or town. (마10:14)

직역

누군가가 너희를 환영하지 않거나 너희 말에 경청하지 않으려 한다면, 그 집이나 도시를 떠날 때에 너희의 발에서 먼지를 떨쳐버려라.

단어 및 숙어의 확장

동 사 welcome 환영하다, 영접하다

숙 어 listen to: 경청하다 / shake off: (먼지를)떨다, (근심걱정을)없애버리다

참고 • that은 home이나 town을 수식하는 지시형용사이다.

의역

누구든지 너희를 영접도 아니하고 너희 말을 듣지도 아니하거든 그 집이나 성에서 나가 너희 발의 먼지를 떨어 버리라.

13 At <u>that</u> time you will be given what to say, for it will not be you speaking, but the Spirit of your Father speaking through you. (마10:19-20)

직역

그때에 무엇을 말할 것인지가 너에게 주어질 것이다. 네가 말할 것이 아니라 너를 통하여 너의 아버지의 성령이 말할 것이기 때문이다.

참고
- that은 time을 수식하는 지시형용사이다.
- what to say는 '말할 내용' / not A but B=A가 아니라 B이다.

의역

그 때에 무슨 말할 것을 주시리니 말하는 이는 너희가 아니라 너희 속에서 말씀하시는 자 곧 너희 아버지의 성령이시니라.

14 Going on from <u>that</u> place, he went into their synagogue, (마12:9)

직역

그 장소로부터 걸어가면서 그는 그들의 회당으로 걸어 들어갔다.

성경해설 he는 예수님을 의미한다.

단어 및 숙어의 확장

명 사 synagog(ue) 유대교 회당, 유대교도들

참고
- that은 place를 수식하는 지시형용사이다.

의역

거기를 떠나 저희 회당에 들어가시니.

15 And the final condition of that man is worse than the first. (마12:45)

직역

그리하여 그 사람의 최종적인 상황은 처음 것보다 더 나쁘다.

성경해설 that man은 귀신들린 사람, 처음 상황이란 귀신 하나에 사로잡힌 상태이다. 최종적 상황은 일곱 악령에게 사로잡힌 상태를 의미한다. 예수님의 복음전파는 이스라엘 백성들을 장악하던 사단의 힘을 깨뜨렸지만, 이 악한 세대가 예수님을 받아들이지 않는 거부는 예수님이 태어나기 전에 있었던 것보다 더 나쁜 상황으로 이어질 것이라는 뜻이다.

단어 및 숙어의 확장

명 사 final examination 기말고사

형용사 final 최종적인, 최후의, 마지막의 /
worse 더 나쁜 (bad의 비교급) bad-worse-the worst

참고 • that은 man을 수식하는 지시형용사이다.

의역

그 사람의 나중 형편이 전보다 더욱 심하게 되느니라.

16 When a man found it, he hid it again, and then in his joy went and sold all ✓ he had and bought <u>that</u> field. (마13:44)

직역

어떤 사람이 그것(보물)을 찾으면, 다시 숨기고 기뻐하며 다시 와서 자기가 가진 모든 것을 팔아서 그 땅을 샀다.

성|경|해|설 묻혀 있는 보물을 찾아낸 사람은 그 보물을 사기 위해 가지고 있는 것을 다 판다. 마찬가지로 하늘나라의 고귀함을 이해하는 사람은 그것을 얻기 위해 어떤 것이라도 다 포기한다.

단어 및 숙어의 확장

동 사 find-found-found 찾다, 발견하다 / hide-hid-hidden 숨기다 / sell-sold-sold 팔다 / buy-bought-bought 사다 / go-went-gone 가다

참고

- that은 field를 수식하는 지시형용사이다.
- all과 he 사이에 목적격관계대명사 that이 생략되어 있다. (p.129 참고)

의역

사람이 이를 발견한 후 숨겨두고 기뻐하여 돌아가서 자기의 소유를 다 팔아 그 밭을 샀느니라.

17 When the men of <u>that</u> place recognized Jesus, they sent word to all the surrounding country. (마14:35)

직역

그 장소에 있던 사람들이 예수님을 알아보자, 그들은 주변의 모든 나라에 알렸다.

성|경|해|설 that place는 게네사렛(Gennesaret)이다.

단어 및 숙어의 확장

동 사 recognize 인식하다, 깨닫다 / send-sent-sent 보내다

형용사 surrounding 둘러싸인, 주변의

숙 어 send word 알리다, 전언하다

참고 • that은 place를 수식하는 지시형용사이다.

의역

그 곳 사람들이 예수신 줄을 알고 그 근방에 두루 통지하여.

18 Leaving that place, Jesus withdrew to the region of Tyre and Sidon. (마15:21)

직역

그 장소를 떠나신 후에, 예수님은 타이리와 시돈의 지역으로 물러나셨다.

단어 및 숙어의 확장

명 사 region 지역

동 사 withdraw-withdrew-withdrawn 물러나다, 움츠리다, 철수하다

참고 • that은 place를 수식하는 지시형용사이다.

의역

예수께서 거기서 나가사 두로와 시돈 지방으로 들어가시니.

19 A Canaanite woman from that vicinity came to him, crying out, "Lord, Son of David, have mercy on me !" (마15:22)

직역

그 지역에서 온 어느 가나안 여인이 그에게 와서 크게 소리치며 말했다. "다윗의 자손이신 주님, 저에게 자비를 베풀어주시옵소서!"

단어 및 숙어의 확장

명 사 canaan: 가나안. 지금의 西 Palestine을 말한다. 약속의 땅, 낙원, 이상향. / canaanite: 가나안 사람, 가나안어 / Paris: Parisian / New York: New Yorker / London: Londoner / Seoul: Seoulite / vicinity 가까움, 근처, 가까운 곳, 부근

참고 • that은 vicinity를 수식하는 지시형용사이다.

의역

가나안 여자 하나가 그 지경에서 나와서 소리 질러 가로되 주 다윗의 자손이여 나를 불쌍히 여기소서.

20 Jesus rebuked the demon, and it came out of the boy, and he was healed from that moment. (마17:18)

직역

예수님은 마귀를 꾸짖으셨고 마귀는 소년에게서 나왔다. 소년은 그 순간부터 치료되었다.

단어 및 숙어의 확장

동 사 rebuke 꾸짖다, 비난하다, 견책하다

참고 • that은 moment를 수식하는 지시형용사이다.

의역

이에 예수께서 꾸짖으시니 귀신이 나가고 아이가 그 때부터 나으니라.

21 But when that servant went out, he found one of his fellow servants who owed him a hundred denarii. (마18:28)

직역

그러나 그 하인은 나가서, 그에게 100데나리온을 빚진 동료하인들 중의 한 명을 찾았다.

단어 및 숙어의 확장

동 사 owe 빚지고 있다, 은혜를 입고 있다

참고 • that은 servant를 수식하는 지시형용사이다.

의역

그러나 그 종이 나가서 제게 백 데나리온 빚진 동관 하나를 만났다.

22 "You wicked servant," he said, "I canceled all that debt of yours because you begged me to." (마18:32)

직역

그가 말했다. "너 사악한 종아, 나는 네가 사해달라고 간청했기 때문에 너의 그 모든 빚을 취소해주었다."

단어 및 숙어의 확장

명 사 debt 빚
동 사 cancel 취소하다(=call off) / beg 간청하다, 구걸하다
형용사 wicked 사악한, 나쁜

참고 • that은 debt를 수식하는 지시형용사이다.

의역

이에 주인이 저를 불러다가 말하되 악한 종아 네가 빌기에 내가 네 빚을 전부 탕감하여 주었거늘.

23 Some are eunuchs because they were born that way: others were made that way by men: and others have renounced marriage because of the kingdom of heaven. (마19:12)

직역

어떤 사람들은 그런 식으로 태어났기 때문에 거세된 자들이고: 인간에 의해서 그런 식으로 만들어진 자들도 있다: 또 천국 때문에 결혼을 포기한 자들도 있다.

단어 및 숙어의 확장

명 사 eunuch 거세된 남자, 환관
동 사 renounce 포기하다, 단념하다

참고 • that은 way를 수식하는 지시형용사이다.

의역

어미의 태로부터 된 고자도 있고 사람이 만든 고자도 있고 천국을 위하여 스스로 된 고자도 있도다.

24 No one could say a word in reply, and from that day on no one dared to ask him any more questions. (마22:46)

직역

아무도 대답을 한 마디도 할 수 없었고 그날로부터 아무도 그에게 더 많은 질문을 감히 하는 자가 없었다.

단어 및 숙어의 확장

숙 어 in reply (to)...에 대답으로, ...에 답하여
dare to...감히...하다

참고 • that은 day를 수식하는 지시형용사이다.

의역

한 말도 능히 대답하는 자가 없고 그 날부터 감히 그에게 묻는 자도 없더라.

25 No one knows about that day or hour, not even the angels in heaven, nor the Son, but only the Father. (마24:36)

직역

아무도 그날이나 그 시간에 대하여 알지 못한다, 심지어 천국에 있는 천사들도 모르며, 아들도 모르며, 오로지 아버지만이 아신다.

참고 • that은 지시형용사로서 day나 hour를 수식한다.

의역

그날과 그때는 아무도 모르나니 하늘의 천사들도, 아들도 모르고 오직 아버지만 아시느니라.

26 It will be good for that servant whose master finds him doing so when he returns. (마24:46)

직역

그 하인은 좋을 것이다. 주인이 돌아왔을 때 그가 그렇게 하는 것을 본다면.

성|경|해|설 충성된 종과 불충한 종에 대한 말씀이다. 이 비유의 대상은 마태교회의 지도자들이다. 종은 비록 주인의 식솔이 동료 종들로 구성되어 있다 하더라도 그 식솔들에게 제때에 양식을 공급할 책임을 맡았다. 이 비유의 역점은, 종말이 지연된다 해서 동료들을 마구 다루어서는 안 된다는 것이다.

참고 • that은 servant를 수식하는 지시형용사이다.

의역

주인이 올 때에 그 종의 이렇게 하는 것을 보면 그 종이 복이 있으리로다.

27 Suppose that servant is wicked and says to himself, 'My master is staying away a long time,' and he then begins to beat his fellow servants and to eat and drink with drunkards. (마24:48-49)

직역

만약 그 하인이 사악하여 스스로 이렇게 말한다면, 즉 '나의 주인은 오랫동안 집을 떠나있는 중이다' 또 그는 그의 동료하인들을 때리기 시작하고 술주정뱅이들과 함께 먹고 마시기 시작한다고 가정해보라.

단어 및 숙어의 확장

명 사 drunkard 술주정뱅이

동 사 beat (벌로)때리다, 치다, 두드리다

참고

- that은 servant를 수식하는 지시형용사이다.
- suppose는 if와 같은 뜻으로 가정법을 이끈다.

의역

만일 그 악한 종이 마음에 생각하기를 주인이 더디 오리라 하여 동무들을 때리며 술친구들로 더불어 먹고 마시게 되면.

28 But woe to that man who betrays the Son of Man ! (마26:24)

직역

그러나 사람의 아들을 배신하는 저 사람에게 화가 있을지어다.

단어 및 숙어의 확장

동 사 betray: 배반하다

숙 어 woe to: ...에게 화가 있을진저, ...에게 화가 있으라

참고
- that은 man을 수식하는 지시형용사이다.

의역

인자를 파는 그 사람에게는 화가 있으리로다.

29 I tell you, I will not drink of this fruit of the vine from now on until that day when I drink it anew with you in my Father's kingdom. (마26:29)

직역

내가 너희에게 말하노니, 나는 지금부터 이 포도주를 마시지 않겠다. 나의 아버지의 왕국에서 너희와 함께 새롭게 마시게 되는 그날까지는.

단어 및 숙어의 확장

명 사 vine 포도나무(grapevine)

부 사 anew 다시, 새로

숙 어 from now on 지금부터

참고
- that은 day를 수식하는 지시형용사이다.

의역

내가 너희에게 이르노니 내가 포도나무에서 난 것을 이제부터 내 아버지의 나라에서 새것으로 너희와 함께 마시는 날까지 마시지 아니하리라.

30 We remember that while he was still alive that deceiver said, 'After three days I will rise again.' (마27:63)

직역

우리는 기억한다 그가 아직 살아 있었을 때에 저 사기치는 자가 말한 것을, 즉 '사흘 후에 나는 다시 일어날 것이다'.

성경|해설 예수님이 십자가에 못박혀 돌아가신 이틀 후 대제사장들과 바리새인들이 빌라도에게 했던 말이다.

단어 및 숙어의 확장

명 사 deceiver 사기 치는 자, 기만하는 자

동 사 deceive 속이다, 기만하다

참고

- alive 다음의 that은 deceiver를 수식하는 지시형용사이다.
- remember 다음의 that은 종속접속사로서 remember의 목적어가 되는 명사절을 이끈다.

의역

주여 저 유혹하던 자가 살았을 때에 말하되 내가 사흘 후에 다시 살아나리라 한 것을 우리가 기억하노니.

03 지시부사 that

중요포인트

형태: that + 형용사(또는 부사)

지시부사는 형용사 또는 다른 부사를 수식한다.

예시

- That beautiful girl is my daughter. (저 아름다운 소녀는 나의 딸이다)
  [that은 beautiful을 수식함]

1 And his servant was healed at that very hour. (마8:13)

직역

그러자 바로 그 순간에 그의 종은 치료되었다.

참고
- that은 very라는 부사를 수식하는 지시부사이다.

의역

바로 그 시로 하인이 나으니라.

2 That same day Jesus went out of the house and sat by the lake. (마13:1)

직역

바로 같은 날 예수님은 그 집에서 나와서 호숫가에 앉으셨다.

참고 • that은 same이라는 형용사를 수식하는 지시부사이다.

의역

그 날에 예수께서 집에서 나가사 바닷가에 앉으시매.

3 And her daughter was healed from that very hour. (마15:28)

직역

그리하여 그녀의 딸은 바로 그 순간부터 치료되었다.

참고 • that은 very라는 부사를 수식하는 지시부사이다.

의역

그 시로부터 그의 딸이 나으니라.

4 And throw that worthless servant outside, into the darkness, where there will be weeping and gnashing of teeth. (마25:30)

직역

그리고 저 무익한 종을 밖으로, 어둠 속으로 내던지라, 거기에서 그는 눈물흘림과 이를 갊이 있을 것이다.

단어 및 숙어의 확장

동 사 gnash 이를 갈다 / weep 눈물을 흘리다, 울다, 슬퍼하다

참고 • that은 worthless라는 형용사를 수식하는 지시부사이다.

의역

이 무익한 종을 바깥 어두운 데로 내어 쫓으라 거기서 슬피 울며 이를 갊이 있으리라.

5 Don't have anything to do with that innocent man, for I have suffered a great deal today in a dream because of him. (마27:19)

직역

저 죄 없는 사람에게 아무런 상관을 마세요, 왜냐하면 내가 저 사람 때문에 꿈에서 오늘 상당히 고통을 겪었기 때문이에요.

성경해설 빌라도의 아내 클라우디아가 남편 빌라도에게 했던 말이다. 그녀는 남편을 따라 팔레스티나에 온 후 개종했으며, 예수님의 숨은 제자가 되었다는 전승이 있다. 예수님의 무죄가 한 이방인 여자에 의하여 선언된 것이다. 꿈자리 (예수님의 잉태, 탄생, 이집트 피신). 마태복음에서 유년시절 이야기에서도 꿈은 하나님의 계시수단이 된다.

단어 및 숙어의 확장

형용사 innocent 순진한, 순수한, 죄 없는
숙 어 have something to do with=...와 관계가 있다 / a great deal 매우 / because of ...때문에

참고
• that은 innocent라는 형용사를 수식하는 지시부사이다.

의역

저 옳은 사람에게 아무 상관도 하지 마옵소서 오늘 꿈에 내가 그 사람을 인하여 애를 많이 썼나이다.

6 If he finds it, I tell you the truth, he is happier about that one sheep than about the ninety-nine that did not wander off. (마18:13)

직역

너희에게 진실로 말하노니, 만약 그 한 마리를 찾으면, 그는 방황하지 않았던 99마리에 대해서보다 그 한 마리 양에 대해서 더 행복할 것이다.

단어 및 숙어의 확장

형용사 happier happy의 비교급, 더 행복한
숙 어 wander off=길을 잃다, 탈선하다

참고
• that은 one이라는 형용사를 수식하는 지시부사이다.
• ninety-nine 다음에 나오는 that은 주격관계대명사. (p.107 참고)

의역

진실로 너희에게 이르노니 만일 찾으면 길을 잃지 아니한 아흔아홉 마리보다 이것을 더 기뻐하리라.

04 종속접속사 that이 표시된 경우

중요포인트

형태: 주어+동사+that+주어+동사

that은 절과 절을 연결시켜주는 종속접속사이다. that 다음에 주어와 동사가 온다. 이때 중요한 중심이 되는 절을 주절, that이 이끄는 절을 종속절이라고 한다. 이때 that이 이끄는 절은 문장에서 주어, 목적어, 보어가 되는 명사절이다.

예시 1

I know. 와 He is a doctor. 라는 두 문장을 하나의 문장으로 만들어보자.

- I know that he is a doctor. (나는 그가 의사라는 것을 안다)
  ⇒ I know는 주절이고 that he is a doctor는 know의 목적어로서 명사절이다.

예시 2

He said. He was happy. 라는 두 문장을 하나의 문장으로 만들어보자.

● He said that he was happy. (그는 자신이 행복하다고 말했다)

⇒ that이하는 said의 목적어로서 명사절이다

예시 3

● That she will come is certain. (그 여자가 오는 것은 확실하다)

⇒ that she will come은 이 문장에서 주어로서 명사절이다

예시 4

● My opinion is that I agree with you. (나의 의견은 당신에게 동의한다는 것이다)

⇒ 종속접속사 that이하는 be동사의 보어가 되어 명사절이다.

1 When Herod realized that he had been outwitted by the Magi, he was furious. (마2:16)

직역

헤롯이 동방박사들에 의하여 속았다는 것을 깨달았을 때, 그는 분노하였다.

핵심구조

(동사)realized + that + (주어)he + (동사)had been outwitted

단어 및 숙어의 확장

동 사 realize 깨닫다, 각성하다 / outwit ...의 허를 찌르다, 속이다

형용사 furious 성난, 화가치민, 격렬한

참고 • 종속접속사 that이하는 realized의 목적어가 되는 명사절을 이끈다.

의역

헤롯이 박사들에게 속은 줄을 알고 심히 노하였다.

2 But when he heard that Archelaus was reigning in Judea in place of his father Herod, he was afraid to go there. (마2:22)

직역

그러나 아켈로스가 그의 아버지 헤롯을 대신하여 유대를 지배한다는 소식을 듣자, 그는 그곳에 가는 것이 두려웠다.

성|경|해|설 여기에서 'he'는 예수님의 아버지 요셉을 의미한다.

핵심구조

(동사)heard + that + (주어)Archelaus + (동사) was reigning

단어 및 숙어의 확장

동 사 reign 군림하다, 지배하다 / hear-heard-heard 듣다

숙 어 in place of=...의 대신에 / be afraid of=...을 두려워하다, 겁내다

참고 • 종속접속사 that이하는 heard의 목적어가 되는 명사절을 이끈다.

의역

그러나 아켈라오가 그 부친 헤롯을 이어 유대의 임금됨을 듣고 그는 거기로 가기를 무서워하였다.

3 I tell you that out of these stones God can raise up children for Abraham. (마3:9)

직역

내가 너희에게 말한다. 하나님은 이 돌로 아브라함을 위한 자녀들을 기를 수 있다는 것을.

핵심구조

(동사) tell + that + (주어) God + (동사) can raise
(out of these stones는 부사구이다)

단어 및 숙어의 확장

동 사 raise 기르다, 사육하다, 재배하다, 올리다

참고 • 종속접속사 that이하는 tell의 목적어로서 명사절을 이끈다.

의역

내가 너희에게 이르노니 하나님이 능히 이 돌들로도 아브라함의 자손이 되게 하시리라.

4 Do not think that I have come to abolish the Law or the Prophet; (마5:17)

직역

생각하지 마라 내가 법이나 예언자를 폐기시키려 왔다고.

핵심구조

(동사)think + that + (주어) I + (동사) have come

단어 및 숙어의 확장

동 사 abolish (제도 등을) 폐기하다, 없애다
(=get rid of) (=remove) (=eradicate) (=eliminate)

참고 • 종속접속사 that이하는 타동사 think의 목적어로서 명사절을 이끈다.

의역

내가 율법이나 선지자나 폐하러 온 줄로 생각지 말라.

5 For I tell you that unless your righteousness surpasses that of the Pharisees and the teachers of the law, you will certainly not enter the kingdom of heaven. (마5:20)

직역

내가 너희에게 말한다. 너희의 정의가 바리새인과 법을 가르치는 교사들의 정의보다 낫지 않으면, 너희는 천국에 들어가지 못할 것이 확실하다고.

핵심구조

(동사) tell + that + (주어) you + (동사) will certainly not enter
(unless부터 the law까지는 부사절이다)

단어 및 숙어의 확장

명 사 righteousness 정의 / pharisee 바리새인

동 사 surpass 능가하다, 낫다

참고
- unless앞에 있는 that은 종속접속사로서 tell의 목적어가 되는 명사절을 이끈다.
- surpasses다음에 있는 that은 righteousness를 받는 지시대명사이다. (p.11 참고)

의역

내가 너희에게 이르노니 너희가 서기관과 바리새인보다 더 낫지 못하면 결단코 천국에 들어가지 못하리라.

6 When Jesus heard that John had been put in prison, he returned to Galilee. (마4:12)

직역

요한이 투옥되었다는 소식을 들었을 때 예수님은 갈릴리로 가셨다.

핵심구조

(동사)heard + that + (주어) John + (동사) had been put

단어 및 숙어의 확장

숙 어 put in prison=투옥하다

참고
- that은 종속접속사로서 heard의 목적어가 되는 명사절을 이끈다.

의역

예수께서 요한의 잡힘을 들으시고 갈릴리로 물러가셨다.

7 You have heard that it was said to the people long ago. (마5:21)

직역

너희들은 들었다 오래 전에 그것이 사람들에게 말 되어지는 것을.

핵심구조

(동사) heard + that + (주어) it + (동사) was said

참고 • that은 종속접속사로서 heard의 목적어가 되는 명사절을 이끈다.

의역

옛 사람에게 말한 바를 너희가 들었다.

8 I tell you that anyone who is angry with his brother will be subject to judgment. (마5:22)

직역

너희에게 말하노니 자기 형제에게 화내는 자는 누구든지 심판을 받기 쉽다.

핵 심 구 조

(동사) tell + that + (주어) anyone + (동사) will be
(who...brother까지는 anyone을 수식한다)

단어 및 숙어의 확장

명 사 judgement 심판

숙 어 be subject to=받기 쉬운, ...하지 않으면 안 되는, 걸리기 쉬운
예) The old are subject to colds. (나이 든 사람들은 감기에 걸리기 쉽다)

참고 • that은 종속접속사로서 tell의 간접목적어가 되며 명사절을 이끈다.

의역

나는 너희에게 이르노니 형제에게 노하는 자마다 심판을 받게 된다.

9 Therefore, if you are offering your gift at the altar and there remember that your brother has something against you, leave your gift there in front of the altar. (마5:23)

직역

그러므로, 너희가 제단위에 예물을 드릴 경우, 너희 형제가 너희에게 잘못한 일이 있는 것이 기억난다면, 제대 앞에 예물을 남겨두어라.

핵 심 구 조

(동사) remember + that + (주어) your brother + (동사) has

단어 및 숙어의 확장

명사 altar 제대, 제단
동사 offer 제공하다, 바치다
숙어 in front of=...의 앞에

참고 • 종속접속사 that이하는 remember의 목적어가 되는 명사절을 이끈다.

의역

그러므로 예물을 제단에 드리다가 거기서 네 형제에게 원망들을 만한 일이 있는 줄 생각나거든 예물을 제단 앞에 두라.

10 You have heard that it was said, "Do not commit adultery." (마5:27)

직역

너희는 들었다 "간음을 하지 마라"라고 쓰여진 말을.

핵심구조

(동사) heard + that + (주어) it + (동사) was said,

단어 및 숙어의 확장

명사 adultery 간음, 간통
숙어 commit adultery=간음하다, 간통하다 / commit suicide=자살하다, 자해하다

참고 • 종속접속사 that이하는 heard의 목적어가 되는 명사절을 이끈다.

의역

간음치 말라 하였다는 것을 너희가 들었다.

11 Yet I tell you <u>that</u> not even Solomon in all his splendor was dressed like one of these. (마6:29)

직역

그러나 내가 너희에게 말하노니 매우 찬란했던 솔로몬조차도 이러한 것들 중의 하나처럼 옷을 입지 않았다는 것을.

핵심구조

(동사) tell + that + (주어) Solomon + (동사) was dressed
(not even은 Solomon을 수식하고, in all his splendor도 Solomon을 수식한다)

단어 및 숙어의 확장

숙 어 in splendor=호사스럽게, 화려하게
in all his splendor=매우 화려하게
(all+추상명사는 형용사가 된다. all kindness=very kind)

참고 • that은 종속접속사로서 tell의 목적어가 되는 명사절을 이끈다.

의역

그러나 내가 너희에게 말하노니 솔로몬의 모든 영광으로도 입은 것이 이 꽃 하나만 같지 못하였느니라.

12 ...and your heavenly Father knows that you need them. (마6:32)

직역

그리고 너희의 거룩한 아버지는 너희가 그들을 필요로 한다는 것을 알고 있다.

핵심구조

(동사) knows + that + (주어) you + (동사) need

단어 및 숙어의 확장

형용사 heavenly 하늘의, 천상의, 천국과 같은, 신성한, 거룩한(divine)

참고 • that은 know의 목적어가 되는 명사절을 이끄는 종속접속사이다.

의역

너희 천부께서 이 모든 것이 너희에게 있어야 할 줄을 아시느니라.

13 I say to you that many will come from the east and the west, and will take their places at the feast with Abraham. (마8:11)

직역

내가 너희에게 말하노니 수많은 사람들이 동쪽과 서쪽에서 와서 아브라함과 함께 축제에서 그들의 자리를 잡고 앉을 것이다.

핵 심 구 조

(동사) say + that + (주어) many + (동사) will come... will take

단어 및 숙어의 확장

명 사 feast 축제, 축연, 잔치, 향연

참고 • that은 say의 목적어로 명사절을 이끄는 종속접속사이다.

의역

너희에게 이르노니 동서로부터 많은 사람이 이르러 아브라함과 함께 천국에 앉을 것이다.

14 "Do you believe that I am able to do this?" (마9:28)

직역

내가 이 일을 할 수 있다고 믿느냐?

핵 심 구 조

(동사) believe + that + (주어) I + (동사) am able to do

단어 및 숙어의 확장

숙 어 be able to=...할 수 있다 (=can)

참고 • that은 종속접속사로서 believe의 목적어이며 명사절을 이끈다.

의역

내가 능히 이 일 할 줄을 믿느냐?

15 Do not suppose that I have come to bring peace to the earth. (마10:34)

직역

생각하지 마라 내가 이 땅에 평화를 주기 위해 왔다고.

핵심구조

(동사) suppose + that + (주어) I + (동사) have come

단어 및 숙어의 확장

동사 suppose 가정하다, 상상하다, 추측하다, 생각하다

참고 • that은 종속접속사로서 suppose의 목적어이다. 명사절을 이끈다.

의역

내가 세상에 화평을 주러 온 줄로 생각지 말라.

16 I tell you that it will be more bearable for Sodom on the day of judgment than for you. (마11:24)

직역

너희에게 말하노니 심판의 날에는 너희보다 소돔이 더 견딜만할 것이다.

핵심구조

(동사) tell + that + (주어) it + (동사) will be

단어 및 숙어의 확장

동 사 bear 견디다, 참다 (=stand)(=tolerate)(=put up with)(=endure)

형용사 bearable 참을 수 있는 (=tolerable)

참고 • that은 종속접속사로서 tell의 직접목적어이다. 명사절을 이끈다.

의역

내가 너희에게 이르노니 심판날에 소돔 땅이 너보다 견디기 쉬우리라 하시니라.

17 Or haven't you read in the Law that on the Sabbath the priests in the temple desecrate the day and yet are innocent? (마12:5)

직역

혹은 안식일에 성전에 있는 제사장들이 그 날을 모독하면서도 순수하다고 된 것을 율법에서 읽지 못했느냐?

핵심구조

(동사) read + that + (주어) the priests + (동사) desecrate and are
(on the Sabbath는 부사구, in the temple the priests를 수식하는 형용사구이다)

단어 및 숙어의 확장

동 사 desecrate 신성을 더럽히다, 모독하다
형용사 innocent 순진한, 죄 없는

참고 • that은 종속접속사로서 read의 목적어가 된다. 명사절을 이끈다.

의역

또 안식일에 제사장들이 성전 안에서 안식을 범하여도 죄가 없음을 너희가 율법에서 읽지 못하였느냐?

18 I tell you <u>that</u> one greater than the temple is here. (마12:6)

직역

너희에게 말하노니 성전보다 더 위대한 자가 여기 있다.

참고 • that은 tell의 직접목적어로서 명사절을 이끈다.

핵심구조

(동사) tell + that + (주어) one + (동사) is
(greater than the temple은 one을 수식하는 형용사구이다)

의역

내가 너희에게 이르노니 성전보다 더 큰 이가 여기 있느니라.

19 The king was distressed, but because of his oaths and his dinner guests, he ordered that her request be granted and had John beheaded in the prison. (마14:9-10)

직역

왕은 괴로웠지만, 자신의 맹세와 만찬손님들 때문에 그녀의 요청을 들어줘서 감옥에 있는 요한의 목을 베라고 명령했다.

핵심구조

(동사) ordered + that + (주어) her request + (동사) be granted

단어 및 숙어의 확장

명사 distress 비탄, 고민, 고통, 걱정, 불행 / oath 맹세, 서약
동사 distress 고민하게 하다, 괴롭히다 / grant 승낙하다, 인정하다 / behead 목을 베다, 참수하다

참고 • that her request be granted는 order의 목적어로서 명사절을 이끈다.

의역

왕이 근심하나 자기의 맹세한 것과 그 함께 앉은 사람들을 인하여 주라 명하고 사람을 보내어 요한을 옥에서 목베라고 명했다.

20 But you say that if a man says to his father or mother, 'Whatever help you might otherwise have received from me is a gift devoted to God,' he is not to' honor his father with it. (마15:5-6)

직역

그러나 너는 말한다. 만약 어떤 사람이 그의 아버지나 어머니에게 "당신들이 나로부터 도움 받은 것이 있었다면 무엇이든지 하나님께 바쳐야 될 선물입니다"라고 말한다면, 그는 그 말로써 그의 아버지를 영예롭게 하지 못한다.

성|경|해설 마태복음 15장1절로20절은 '깨끗한 것과 부정한 것(Clean and Unclean)'이라는 제목으로 시작한다. 1절에서 2절은 바리새인과 서기관들이 예수님의 제자들이 장로들의 유전(전통)인 손 씻는 규례를 지키지 않는다고 예수께 항의하였다. 그들은 손 씻는 행위 자체에 종교적인 의미를 두었다. 그러나 예수님은 그들을 '외식(外飾)하는 자'로 규정하셨다. 예수님은 종교를 빙자하여 인륜마저 저버리는 그들의 기만과 위선을 질타하신 것이다. 예수님의 말씀에 의하면, 바리새인과 서기관들은 자신들의 전통을 핑계 삼아 하나님의 계명, 즉 "부모를 공경하라"를 어긴다. 다시 말하면 아버지나 어머니에게 해드릴 것을 '하나님께 바쳤다'고 말만 하면 아버지나 어머니를 봉양하지 않아도 괜찮은 것이 아니다. 예수님은 입으로 들어가는 것은 사람을 더럽히지 않으나(17절) 안에서, 즉 마음에서 생겨나는 여러 가지 악한 생각과 행동은 사람을 더럽힌다(18-19절)고 하셨다.

핵심구조

(동사) say + that + (주어) he + (동사) is
(that 절 안에는 if가 이끄는 부사절이 들어 있다)

단어 및 숙어의 확장

부 사 otherwise 그렇지 않으면, 다른 점에서는

참고
• 종속접속사 that이하는 say의 목적어로서 명사절을 이끈다.
• (which is) devoted (pp.203-204 참고)

의역

너희는 가로되 누구든지 아비에게나 어미에게 말하기를 내가 드려 유익하게 할 것이 하나님께 드림이 되었다고 하기만 하면 그 부모를 공경할 것이 없다하여 너희 유전(遺傳)으로 하나님의 말씀을 폐하는도다.

21 Do you know that the Pharisees were offended when they heard this? (마15:12)

직역

이 말을 들었을 때 바리새인들이 불쾌한 기분이 들었다는 것을 아십니까?

핵심구조

(동사) know + that + (주어) the Pharisees + (동사) were offended

단어 및 숙어의 확장

동사 offend 불쾌감을 주다, 감정을 상하다, 법(규칙, 예절, 습관)에 어긋나다, 범하다

참고
• 종속접속사 that이하는 know의 목적어로서 명사절을 이끈다.

의역

바리새인들이 이 말씀을 듣고 걸림이 된 줄 아시나이까?

22 Don't you see that whatever enters the mouth goes into the stomach and then out of the body? (마15:17)

직역

입으로 들어가는 것이면 무엇이든지 배로 들어가고 몸 밖으로 나온다는 것을 모르느냐?

핵심구조

(동사) see + that + (주어) whatever enters the mouth + (동사) goes

단어 및 숙어의 확장

명사 stomach 배, 복부, 위(胃)

참고
- 종속접속사 that이하는 see의 목적어로서 명사절을 이끈다.
- whatever enters the mouth는 goes의 주어로서 명사절이다: 입으로 들어가는 것이면 무엇이든지.

의역

입으로 들어가는 모든 것은 배로 들어가서 뒤로 내어 버려지는 줄을 알지 못하느냐?

23 How is it you don't understand that I was not talking to you about bread? (마16:11)

직역

내가 너희들에게 빵에 대해서 말한 것이 아니라는 것을 어찌 이해하지 못하느냐?

핵심구조

(동사) understand + that + (주어) I + (동사) was not talking

참고
- 종속접속사 that이하는 understand의 목적어로서 명사절을 이끈다.
- How is it 다음에는 that이 생략되어 있다. How is it that...?은 어째서...인가(한가)?의 뜻.
  예) How is it that you are always late for classes? (항상 수업에 늦는 것은 무슨 이유요?) (어째서 항상 수업에 늦나요?) (p.164 참고)

의역

어찌 내 말한 것이 떡에 관함이 아닌 줄을 깨닫지 못하느냐?

24 Then they understood <u>that</u> he was not telling them to guard against the yeast used in bread, but against the teaching of the Pharisees and Sadducees. (마16:12)

직역

그리하여 그들은 그가 빵에 사용된 이스트로부터 보호하라는 것이 아니라 바리새인들과 사두개인들의 가르침으로부터 자신들을 보호하라는 것임을 이해하였다.

핵심구조

(동사) understood + that + (주어) he + (동사) was not telling

단어 및 숙어의 확장

명 사 guard 파숫꾼, 호위병, 보초 / yeast 이스트, 효모, 누룩

동 사 guard 보호하다, 지키다, 감시하다

참고
- 종속접속사 that이하는 understood의 목적어로서 명사절을 이끈다.
- yeast (which was) used (pp.205-206 참고)

의역

그제야 제자들이 떡의 누룩이 아니요 바리새인과 사두개인들의 교훈을 삼가라고 말씀하신 줄을 깨달으니라.

25 **And I tell you that you are Peter and on this rock I will build my church, and the gates of Hades will not overcome it. (마16:18)**

직역

내가 너에게 말하노니 너는 베드로라 이 반석 위에 나는 나의 교회를 세울 것이며 지옥의 문이 그곳을 이기지 못하리라.

핵심구조

(동사) tell + that + (주어) you/ I / the gates of Hades + (동사) are/ will build / will not overcome

단어 및 숙어의 확장

명 사 Hades 하데스, 황천, 지옥

동 사 overcome 극복하다, 이겨내다

참고
- 종속접속사 that이하는 tell의 목적어로서 명사절을 이끈다.

의역

또 내가 네게 이르노니 너는 베드로라 내가 이 반석 위에 내 교회를 세우리니 음부의 권세가 이기지 못하리라.

26 Then he warned his disciples not to tell anyone that he was the Christ. (마16:20)

직역

그리하여 그는 제자들에게 자신이 그리스도임을 누구에게도 말하지 않도록 경고하였다.

핵심구조

(동사) tell + that + (주어) he + (동사) was

단어 및 숙어의 확장

동 사 warn 경고하다, 주의를 주다

참고
• 종속접속사 that이하는 tell의 목적어로서 명사절을 이끈다.

의역

이에 제자들을 경계하사 자기가 그리스도인 것을 아무에게도 이르지 말라 하시니라.

27 From that time on Jesus began to explain to his disciples that he must go to Jerusalem and suffer many things at the hands of the elders, chief priests and teachers of the law, and that he must be killed and on the third day be raised to life. (마16:21)

직역

그때부터 예수님은 그의 제자들에게 설명하기 시작하셨다. 즉 자신은 예루살렘으로 가서 장로들과 제사장들과 유법학자들에 의하여 수많은 고난을 당하셔야만 한다는 것과 죽임을 당한 뒤 사흘 만에 다시 살아나야한다고.

핵심구조

(동사) explained + that + (주어) he + (동사) must go/ suffer / must be killed / be raised

단어 및 숙어의 확장

숙어 at the hands of=아무의 손에 의해, 아무에 의해

참고
- 첫 번째 that은 time을 수식하는 지시형용사이다.
- 두 번째 종속접속사 that이하와 세 번째 종속접속사 that이하는 explain의 목적어로서 명사절을 이끈다.

의역

이때로부터 예수 그리스도께서 자기가 예루살렘에 올라가 장로들과 대제사장들과 서기관들에게 많은 고난을 받고 죽임을 당하고 제삼일에 살아나야 할 것을 제자들에게 비로소 가르치시니라.

28 The disciples asked him, "Why then do the teachers of the law say that Elijah must come first?" (마17:10)

직역

제자들이 그에게 물었다. "그러면 왜 율법학자들은 엘리야가 맨 먼저 와야 한다고 말하는거죠?"

핵심구조

(동사) say + that + (주어) Elijah + (동사) must come

참고 • 종속접속사 that이하는 say의 목적어로서 명사절을 이끈다.

의역

제자들이 묻자와 가로되 그러면 어찌하여 서기관들이 엘리야가 먼저 와야 하리라 하나이까?

29 Then the disciples understood that he was talking to them about John the Baptist. (마17:13)

직역

그때 제자들은 그가 세례자 요한에 대해서 자기들에게 말씀하시고 계신다고 이해하였다.

핵심구조

(동사) understood + that + (주어) he + (동사) was talking

단어 및 숙어의 확장

명 사 baptist 세례요한, 침례교도 / the Baptist church 침례교회

동 사 baptize 세례를 주다

참고 • 종속접속사 that이하는 understand의 목적어로서 명사절을 이끈다.

의역

그제야 제자들이 예수의 말씀하신 것이 세례 요한인 줄을 깨달으니라.

30 I tell you that their angels in heaven always see the face of my Father in heaven. (마18:10)

직역

내가 너희에게 말하노니 천국의 천사들은 천국에 계신 나의 아버지의 얼굴을 항상 본다.

핵 심 구 조

(동사) tell + that + (주어) their angels + (동사) see
(in heaven은 angels를 수식하는 형용사구이다

참고 • 종속접속사 that이하는 tell의 목적어로서 명사절을 이끈다.

의역

너희에게 말하노니 저희 천사들이 하늘에서 하늘에 계신 내 아버지의 얼굴을 항상 뵈옵느니라.

31 In the same way your Father in heaven is not willing that any of these little ones should be lost. (마18:14)

직역

똑같은 방법으로 천국에 계신 너희 아버지는 이렇게 작은 것들 중에 그 어느 것도 잃지 않으시려고 하신다.

핵심구조

(동사) is willing + that + (주어) any of these little ones + (동사) should be lost

단어 및 숙어의 확장

숙어 in the same way=똑같은 방법으로
be willing to...=기꺼이...하다
예) He was willing to do the task. (그는 그 업무를 기꺼이 했다)

참고 • 종속접속사 that이하는 is not willing목적어로서 명사절을 이끈다.

의역

이와 같이 이 소자 중에 하나라도 잃어지는 것은 하늘에 계신 너희 아버지의 뜻이 아니니라.

32 Again, I tell you that if two of you on earth agree about anything ✓ you ask for, it will be done for you by my Father in heaven. (마18:19)

직역

다시, 너희에게 말하거니와 만약 이 세상에서 너희 중에서 두 사람이 너희가 요구하는 어떤 것에 대하여 동의한다면, 그것은 하늘에 계신 나의 아버지에 의해서 너희를 위하여 될 것이다.

핵심구조

(동사) tell + that + (주어) it + (동사) will be done

참고

- that절 안에 조건을 나타내는 if가 이끄는 부사절이 있다.
- anything과 you 사이에 목적격관계대명사 that이 생략되어 있다.
- 종속접속사 that이하는 tell의 목적어로서 명사절을 이끈다.

의역

진실로 다시 너희에게 이르노니 너희 중에 두 사람이 땅에서 합심하여 무엇이든지 구하면 하늘에 계신 내 아버지께서 저희를 위하여 이루게 하시리라.

33 Since he was not able to pay, the master ordered that he and his wife and his children and all that he had be sold to repay the debt. (마18:25)

직역

그가 지불할 수 없었기 때문에 주인은 그 빚을 갚기 위해서 그와 그의 아내와 아이들, 그리고 그가 가진 모든 것을 팔라고 명령하였다.

핵심구조

(동사) ordered + that + (주어) he and his wife and his children and all that he had + (동사) be sold [be 앞에는 should가 생략되어 있다] (p.323 참고)

단어 및 숙어의 확장

명 사 debt 빚 ('b'는 묵음)

참고 • 종속접속사 that이하는 order의 목적어로서 명사절을 이끈다.

의역

갚을 것이 없는지라 주인이 명하여 그 몸과 처와 자식들과 모든 소유를 다 팔아 갚게 하라 한대.

34 Haven't you read that at the beginning the Creator made them male and female? (마19:4)

직역

읽지 못했느냐? 태초에 창조주가 그들을 남자와 여자로 만드셨다는 것을.

핵심구조

(동사) read + that + (주어) the Creator + (동사) made
(at the beginning은 부사구이다. '태초에')

참고 • 종속접속사 that이하는 read의 목적어로서 명사절을 이끈다.

의역

사람을 지으신 이가 본래 저희를 남자와 여자로 만드셨다는 것을 읽지 못하였느냐?

35 Why did Moses command that a man give his wife a certificate of divorce and send her away? (마19:7)

직역

왜 모세는 명령했는가? 남자는 이혼장을 아내에게 주어서 보내라고.

핵심구조

(동사) command + that + (주어) a man + (동사) give / send

단어 및 숙어의 확장

명 사 certificate 수료증, 증명서

동 사 command 명령하다, 지휘하다, 통솔하다 / divorce 이혼하다

참고 • 종속접속사 that이하는 command의 목적어로서 명사절을 이끈다.

의역

어찌하여 모세는 이혼 증서를 주어서 내어 버리라 명하였나이까?

36 I tell you that anyone who divorces his wife, except for marital unfaithfulness, and marries another woman commits adultery. (마19:9)

직역

너희에게 말하노니 혼인의 불충실함 때문을 제외하고는 아내와 이혼하여 다른 여자와 결혼하는 자는 누구나 간음하는 것과 같다.

핵 심 구 조

(동사) tell + that + (주어) anyone + (동사) commits
(who에서부터 woman까지는 anyone을 수식하는 형용사절이다)

단어 및 숙어의 확장

형용사 marital 남편의, 혼인의
숙 어 commit adultery 간음하다

참고 • 종속접속사 that이하는 tell의 목적어로서 명사절을 이끈다.

의역

내가 너희에게 말하노니 누구든지 음행한 연고 외에 아내를 내어 버리고 다른 데 장가드는 자는 간음함이니라.

37 Grant that one of these two sons of mine may sit at your right and the other at your left in your kingdom. (마20:21)

직역

나의 이 두 아들 중에서 한 아들은 천국에서 당신의 오른편에 앉을 수 있게 하시고 다른 아들은 당신의 왼편에 앉을 수 있도록 허락해주십시오.

핵 심 구 조

(동사) grant + that + (주어) one + (동사) may sit

단어 및 숙어의 확장

동 사 grant 허락하다, 주다, 수여하다, 부여하다, 인정하다, 승인하다

참고
- 종속접속사 that이하는 grant의 목적어로서 명사절을 이끈다.
- the other와 at 사이에는 may sit이 생략되어 있다.

의역

이 나의 두 아들들을 주의 나라에서 하나는 주의 우편에, 하나는 주의 좌편에 앉게 명하소서.

38 You know that the rulers of the Gentiles lord it over them, and their high officials exercise authority over them. (마20:25)

직역

너희는 알고 있다 이방인들을 지배하는 자들이 그들에게 군림하며 그들의 높은 관리들이 그들에게 권위를 행사한다는 것을.

핵심구조

(동사) know + that + (주어) the rulers / their high officials +
(동사) lord / exercise

단어 및 숙어의 확장

명 사 gentile 이방인 / official 관리, 관료

숙 어 lord it over: ...에 군림하다,...에게 뽐내다

참고
- 종속접속사 that이하는 know의 목적어로서 명사절을 이끈다.

의역

이방인의 집권자들이 저희를 임의로 주관하고 그 대인들이 저희에게 권세를 부리는 줄을 너희가 알거니와.

39 Two blind men were sitting by the roadside, and when they heard <u>that</u> Jesus was going by, they shouted, "Lord, Son of David, have mercy on us !" (마20:30)

직역

두 명의 맹인들이 길가에 앉아 있다가 예수님이 지나간다는 말을 듣고 소리쳤다, "주님, 다윗의 자손이여, 우리에게 자비를 베풀어 주시옵소서!"

핵심구조

(동사) heard + that + (주어) Jesus + (동사) was going

단어 및 숙어의 확장

명 사 mercy 자비, 연민, 인정
형용사 blind 눈 먼, 장님의

참고 • 종속접속사 that이하는 heard의 목적어로서 명사절을 이끈다.

의역

소경 둘이 길가에 앉았다가 예수께서 지나가신다 함을 듣고 소리 질러 가로되 주여 우리를 불쌍히 여기소서 다윗의 자손이여 하니.

40 If anyone says anything to you, tell him that the Lord needs them, and he will send them right away. (마21:3)

직역

만약 누군가가 너희에게 뭔가를 말하면, 그에게 말하라 주님께서 그들을 필요로 한다고, 그러면 그가 당장 그들을 보낼 것이다.

성|경|해|설 여기에서 그들이란 나귀(donkey)와 망아지(colt)를 의미한다.

핵심구조

(동사) tell + that + (주어) the Lord + (동사) needs

단어 및 숙어의 확장

숙 어 right away=soon=right now=곧, 당장, 즉시

예) Come here right away. (당장 이리로 와라)

참고 • 종속접속사 that이하는 tell의 목적어로서 명사절을 이끈다.

의역

만일 누가 무슨 말을 하거든 주가 쓰시겠다 하라 그리하면 즉시 보내리라.

41 But if we say, 'From men'–we are afraid of the people, for they all hold <u>that</u> John was a prophet. (마21:26)

직역

그러나 만약 우리가 '인간으로부터'라고 말하면–우리는 사람들을 두려워 한다, 왜냐하면 그들 모두는 요한이 예언자라고 주장하기 때문이다.

핵심구조

(동사) hold + that + (주어) John + (동사) was

참고 • 종속접속사 that이하는 hold의 목적어로서 명사절을 이끈다.

의역

만일 사람에게로서라 하면 모든 사람이 요한을 선지자로 여기니 백성이 무섭다하여.

42 Therefore I tell you <u>that</u> the kingdom of God will be taken away from you and given to a people who will produce its fruit. (마21:43)

직역

그러므로 내가 너희에게 말하노니 천국은 너희에게서 빼앗김을 받아서 그 열매를 산출한 사람들에게 주어질 것이다.

핵심구조

(동사) tell + that + (주어) the kingdom of God + (동사) will be taken / given

참고 • 종속접속사 that이하는 tell의 목적어로서 명사절을 이끈다.

의역

그러므로 내가 너희에게 이르노니 하나님의 나라를 너희는 빼앗기고 그 나라의 열매 맺는 백성이 받으리라.

43 They looked for a way to arrest him, but they were afraid of the crowd because the people held that he was a prophet. (마21:46)

직역

그들은 그를 체포할 방법을 찾았으나 군중이 두려웠다. 사람들이 그를 예언자로 주장하기 때문이었다.

핵심구조

(동사) held + that + (주어) he + (동사) was

단어 및 숙어의 확장

동사 arrest 체포하다 / held hold의 과거 또는 과거분사

숙어 be afraid of=...을 두려워하다

예) He is afraid of addressing a foreigner.

(그는 외국인에게 말을 걸기가 두렵다)

참고 • 종속접속사 that이하는 held의 목적어로 명사절을 이끈다.

의역

잡고자 하나 무리를 무서워하니 이는 저희가 예수를 선지자로 앎이었더라.

44 Then he sent some more servants and said, 'Tell those who have been invited <u>that</u> I have prepared my dinner. (마22:4)

직역

그러자 그는 하인을 몇 명 더 보내며 말하였다. "초대받은 사람들에게 내가 저녁을 준비했노라고 말하라."

핵심구조

(동사) tell + that + (주어) I + (동사) have prepared

참고 • 종속접속사 that이하는 tell의 목적어로서 명사절을 이끈다.

의역

다시 다른 종들을 보내며 가로되 청한 사람들에게 이르기를 내가 오찬을 준비하되.

45 We know ✓ you are a man of integrity and <u>that</u> you teach the way of God in accordance with the truth. (마22:16)

직역

우리는 알고 있다 당신이 성실한 사람이며 진리에 따라 하나님의 방식을 가르친다는 것을.

핵심구조

(동사) know + that + (주어) you + (동사) are / teach

단어 및 숙어의 확장

숙 어 a man of integrity=성실한 사람

예) He is a man of integrity. (그는 성실한 사람이다)

in accordance with=...에 따라, ...와 일치하여

예) Her words are in accordance with her actions.
(그녀는 말과 행동이 일치한다)

참고
- and 다음에는 종속접속사 that이 생략되지 않고 그대로 쓰였다. that이하는 명사절이다
- know와 you 사이에 종속접속사 that이 생략되어 있다. that이하는 명사절이다. (p.90 참고)

의역

우리가 아노니 당신은 참되시고 참으로써 하나님의 도를 가르치시며.

46 Moses told us that if a man dies without having children, his brother must marry the widow and have children for him. (마22:24)

직역

모세는 우리에게 말했다. 만약 한 남자가 자녀 없이 죽으면 그의 남동생이 그 미망인과 결혼해서 자신을 위해 아이를 가져야만 한다고.

핵심구조

(동사) told + that + (주어) his brother + (동사) must marry / have
(that절 안에는 조건을 나타내는 부사절이 들어 있다)

단어 및 숙어의 확장

명 사 widow 미망인, 과부

참고 • 종속접속사 that이하는 told의 목적어로서 명사절을 이끈다.

의역

모세가 일렀으되 사람이 만일 자식이 없이 죽으면 그 동생이 그 아내에게 장가들어 형을 위하여 후사를 세울찌니라 하였나이다.

47 So you testify against yourselves that you are the descendants of those who murdered the prophets. (마23:31)

직역

그래서 너희는 그 예언자들을 살해한 자들의 후손이라는 것을 스스로 증거한다.

성경해설 '너희'란 율법학자들과 바리새이파 사람들이다.

핵심구조

(동사) testify + that + (주어) you + (동사) are

단어 및 숙어의 확장

명 사 descendant 자손, 후손 / prophet 예언자

동 사 testify 증명하다, 증언하다 / murder 살해(하다)

참고 • 종속접속사 that이하는 testify의 목적어로서 명사절을 이끈다.

의역

그러면 너희가 선지자를 죽인 자의 자손됨을 스스로 증거함이로다.

48 Watch out that no one deceives you. (마24:4)

직역

아무도 너희를 속이지 않는다는 것에 주의하라.

핵심구조

(동사) watch + that + (주어) no one + (동사) deceives

단어 및 숙어의 확장

동 사 deceive 속이다, 기만하다

숙 어 watch out 주의하다, 경계하다

참고 • 종속접속사 that은 watch의 목적어로서 명사절을 이끈다.

의역

너희가 사람의 미혹을 받지 않도록 주의하라.

49 Pray that your flight will not take place in winter or on the Sabbath. (마24:20)

직역

기도하라 너희의 도주가 겨울이나 안식일에 일어나지 않도록.

성|경|해|설 마태복음 24장 15절로 28절은 대환난에 대한 경고이다. 좁게는 A.D.70년의 예루살렘 멸망을, 넓게는 우주적 종말을 예언한 것이다.

핵 심 구 조

(동사) pray + that + (주어) your flight + (동사) will not take

단어 및 숙어의 확장

명 사 Sabbath 안식일 / flight 도주, 탈출
숙 어 take place 발생하다, 일어나다 (=happen)

참고 • 종속접속사 that이하는 pray의 목적어로서 명사절을 이끈다.

의역

너희의 도망하는 일이 겨울에나 안식일에 되지 않도록 기도하라.

50 Now learn this lesson from the fig tree: As soon as its twigs get tender and its leaves come out, you know <u>that</u> summer is near. (마24:32)

직역

자, 무화과나무로부터 이 교훈을 배워라: 가지가 더 부드럽게 되고 잎이 나오자마자 너희는 여름이 가까이 왔다는 것을 안다.

핵 심 구 조

(동사) know + that + (주어) summer + (동사) is

단어 및 숙어의 확장

명 사 twig 잔가지, 가는 가지 (=branch)
형용사 tender 부드러운, 부서지기 쉬운, 미숙한, 연약한
숙 어 as soon as=...하자마자

참고 • 종속접속사 that이하는 know의 목적어로서 명사절을 이끈다.

의역

무화과나무의 비유를 배우라 그 가지가 연하여지고 잎사귀를 내면 여름이 가까운 줄을 아나니.

51 Even so, when you see all these things, you know that it is near, right at the door. (마24:33)

직역

정확히 그러하여, 너희가 이 모든 일들을 볼 때 너희는 그것이 문 앞에 가까이 있는 것을 안다.

핵심구조

(동사) know + that + (주어) it + (동사) is

참고 • 종속접속사 that이하는 know의 목적어로서 명사절을 이끈다.

의역

이와 같이 너희도 이 모든 일을 보거든 인자가 가까이 곧 문 앞에 이른 줄 알라.

52 'Master,' he said, 'I knew that you are a hard man, harvesting where you have not sown and gathering where you have not scattered seed.' (마25:24)

직역

'주인님,' 그가 말했다, '저는 알았어요 당신이 구두쇠 같은 사람이라서, 씨뿌리지 않은 곳에서 수확하고 씨앗을 흩뿌리지 않은 곳에서 거둔다는 것을.

핵심구조

(동사) know + that + (주어) you + (동사) are

단어 및 숙어의 확장

동 사 harvest 수확하다 /sow 씨를 뿌리다 / scatter 흩뿌리다
명 사 seed 씨앗, 종자

참고 • 종속접속사 that이하는 knew의 목적어로서 명사절을 이끈다.

의역

한 달란트 받았던 자도 와서 가로되 주여 당신은 굳은 사람이라 심지 않은 데서 거두고 헤치지 않은 데서 모으는 줄을 내가 알았으므로.

53 So you knew <u>that</u> I harvest where I have not sown and gather where I have not scattered seed? (마25:26)

직역

그래서 너희는 내가 뿌리지도 않은 곳에서 수확을 하고 씨앗을 흩뿌리지도 않은 곳에서 거둔 줄 알았느냐?

핵심구조

(동사) knew + that + (주어) I + (동사) harvest / gather

단어 및 숙어의 확장

동사 scatter 흩뿌리다, 쫓아버리다, (씨를)뿌리다, 산재시키다, 사라지게하다

참고 • 종속접속사 that이하는 knew의 목적어로서 명사절을 이끈다.

의역

나는 심지 않은 데서 거두고 헤치지 않은 데서 모은 줄로 네가 알았느냐?

54 When Judas, who had betrayed him, saw <u>that</u> Jesus was condemned, he was seized with remorse and returned the thirty silver coins to the chief priests and the elders. (마27:3)

직역

예수님을 배반했던 유다가 예수님이 사형선고를 받은 것을 알았을 때 그는 후회에 사로잡혀서 대제사장들과 장로들에게 은화 30개를 돌려주었다.

핵 심 구 조

(동사) saw + that + (주어) Jesus + (동사) was condemned

단어 및 숙어의 확장

동 사 condemn 형을 선고하다, 정죄하다 / seize 붙잡다 / remorse 후회(하다) / betray 배반하다

참고 • 종속접속사 that이하는 saw의 목적어로서 명사절을 이끈다.

의역

때에 예수를 판 유다가 그의 정죄됨을 보고 스스로 뉘우쳐 그 은 삼십을 대제사장들과 장로들에게 도로 갖다 주며.

55 When Pilate saw that he was getting nowhere, but that instead an uproar was starting, he took water and washed his hands in front of the crowd. (마27:24)

직역

예수님이 갈 곳이 없고 그 대신 소동이 시작됐음을 알자, 빌라도는 물을 가져다가 군중들 앞에서 손을 씻었다.

핵 심 구 조

(동사) saw + that + (주어) he + (동사) was getting
(주어)uproar+(동사) was starting

단어 및 숙어의 확장

명 사 uproar 소란, 소동

숙 어 in front of...의 앞에

참고 • that he was getting nowhere와 that instead an uproar was starting은 saw의 목적어로서 명사절이다.

의역

빌라도가 아무 효험도 없이 도리어 민란이 나려는 것을 보고 물을 가져다가 무리 앞에서 손을 씻으며.

56 We remember that while he was still alive that deceiver said, 'After three days I will rise again.' (마27:63)

직역

우리는 기억한다 그가 아직 살아 있었을 때에 저 사기치는 자가 말한 것을, 즉 '사흘 후에 나는 다시 일어날 것이다".

성경|해설 대제사장과 바리새인들이 예수님에 대하여 빌라도에게 한 말이다.

핵 심 구 조

(동사) remember + that + (주어) that deceiver + (동사) said

단어 및 숙어의 확장

동 사 deceive 속이다, 기만하다

명 사 deceiver 사기 치는 자, 기만하는 자 / deceit 사기, 속임수, 거짓

형용사 deceitful 속임수의, 거짓의, 기만하는

참고
- remember 다음의 that은 종속접속사로서 remember의 목적어가 되는 명사절을 이끈다.
- alive 다음의 that은 deceiver를 수식하는 지시형용사이다.
- while he was still alive는 시간을 나타내는 부사절이다.

의역

주여 저 유혹하던 자가 살았을 때에 말하되 내가 사흘 후에 다시 살아나리라 한 것을 우리가 기억하노니.

57 Otherwise, his disciples may come and steal the body and tell the people that he has been raised from the dead. (마27:64)

직역

그렇지 않으면 그의 제자들이 와서 시신을 훔치고 사람들에게 그는 죽은 사람들로부터 부활했다고 말할 지도 모른다.

성경해설 대제사장과 바리새인들이 빌라도에게 한 말이다.

핵심구조

(동사) tell + that + (주어) he + (동사) has been raised

단어 및 숙어의 확장

the+형용사=복수보통명사

예) the dead=dead people=죽은 자들, the rich=rich people=부자들
the young=young people=젊은이들, the old=old people=노인들

참고
- 종속접속사 that이하는 tell의 목적어로서 명사절을 이끈다.

의역

그의 제자들이 와서 시체를 도적질하여 가고 백성에게 말하되 그가 죽은 자 가운데서 살아났다 하면.

58 The angel said to the women, "Do not be afraid, for I know that you are looking for Jesus, who was crucified." (마28:5)

직역

그 천사가 여자들에게 말하였다, "두려워 마라, 왜냐하면 나는 너희들이 십자가에 못 박힌 예수님을 찾고 있다는 것을 알고 있기 때문이다."

핵심구조

(동사) know + that + (주어) you + (동사) are looking

단어 및 숙어의 확장

동사 crucify 십자가에 못 박다, 몹시 괴롭히다, 박해하다

참고 • 종속접속사 that이하는 know의 목적어로서 명사절을 이끈다.

의역

천사가 여자들에게 일러 가로되 너희는 무서워 말라 십자가에 못박히신 예수를 너희가 찾는 줄을 내가 아노라.

59 But so that you may know that the Son of Man has authority on earth to forgive sins. (마9:6)

직역

그러나 이 지상에서 인자가 죄를 용서해주는 권위를 가진다는 것을 네가 알 수 있도록.

핵심구조

(동사) know + that + (주어) the Son of Man + (동사) has

단어 및 숙어의 확장

동 사 forgive (사람, 죄를) 용서하다
(예) Forgive us our trespasses. 우리의 죄를 용서해주시옵소서

참고
- know다음의 that은 종속접속사로서 that이하는 know의 목적어를 나타내는 명사절이다.
- 전체적으로는 'so that+주어+may+동사원형=...하기 위하여' 구문이다.

의역

그러나 인자가 세상에서 죄를 사하는 권세가 있는 줄을 너희로 알게 하려 하노라 하시고.

05

종속접속사 that이 생략된 문장

중요포인트

형태: 주어+동사 ✓ 주어+동사

예시

- I know ✓ you are bright. (나는 네가 총명하다는 것을 안다)
- I He said ✓ he was very busy. (그는 매우 바쁘다고 말했다)

생략된 that의 바로 앞에는 명사가 아니라 동사가 온다는 점에 주의하라

1 Do not think ✓ you can say to yourselves "We have Abraham as our father." (마3:9)

직역

생각하지 마라 "우리는 아브라함을 우리의 조상으로 갖고 있다"고 너희 자신에게 말할 수 있다고.

성|경|해|설 세례요한이 바리새인과 사두개인들에게 한 말이다.

핵심구조

(You) + think + (that) + you + can say

참고 • think와 you 사이에 종속접속사 that이 생략되어 있다.

의역

아브라함이 우리 조상이라고 생각지 말라.

2 When you pray, do not keep on babbling like pagans, for they think ✓ they will be heard because of their many words. (마6:7)

직역

기도할 때에는 이방인들처럼 계속 중얼거리지 마라, 왜냐하면 그들은 그들의 많은 말 때문에 들려질 것이라고 생각하기 때문이다

핵 심 구 조

they + think + (that) + they + will be heard

단어 및 숙어의 확장

동 사 babble 떠듬거리며 말하다, 쓸데없는 말을 하다, 지껄거리다

숙 어 keep on...ing=계속해서...하다

참고
• think와 they 사이에 종속접속사 that이 생략되어 있다.

의역

기도할 때에 이방인과 같이 중언부언하지 말라 저희는 말을 많이 하여야 들으실 줄 생각하느니라.

3 When you fast, do not look somber as the hypocrites do, for they disfigure their faces to show men ✓ they are fasting. (마6:16)

직역

단식을 할 때에는 위선자들이 하는 것처럼 침울하게 보이지 말라, 왜냐하면 그들은 자신들이 단식중이라는 것을 사람들에게 보여주기 위하여 그들의 얼굴을 추하게 하기 때문이다.

핵 심 구 조

(동사) show + (that) + (주어) they + (동사) are fasting

단어 및 숙어의 확장

동 사 fast 단식하다 / disfigure 추하게 하다

명 사 hypocrite 위선자

형용사 somber 침울한, 흐린

참고
• men과 they사이에 종속접속사 that이 생략되어 있다.

의역

금식할 때에 너희는 외식하는 자들과 같이 슬픈 기색을 내지 말라 저희는 금식하는 것을 사람들에게 보이려고 얼굴을 흉하게 하느니라.

4 Then Jesus said to the centurion, "Go! It will be done just as you believed ✓ it would." And the servant was healed at that very hour. (마8:13)

직역

그때 예수님은 백부장에게 말했다. "가라! 그렇게 될 것이라고 네가 믿는 그대로 될 것이다." 하인은 바로 그 순간 치유되었다.

핵심구조

(동사) believed + (that) + (주어) it + (동사) would

단어 및 숙어의 확장

명 사 centurion 백부장

참고
• believed와 it 사이에는 종속접속사 that이 생략되어 있다.

의역

예수께서 백부장에게 이르시되 가라 네 믿은 대로 될찌어다 하시니 그 시로 하인이 나으니라.

5 When the chief priests and the Pharisees heard Jesus' parables, they knew ✓ he was talking about them. (마21:45)

직역

예수님의 우화를 듣자 대제사장들과 바리새인들은 그가 자신들에 대해서 말하고 있다는 것을 알았다.

핵심구조

(동사) knew + (that) + (주어) he + (동사) was talking

단어 및 숙어의 확장

명 사 parable 우화

참고 • knew와 he 사이에 종속접속사 that이 생략되어 있다.

의역

대제사장들과 바리새인들이 예수의 비유를 듣고 자기들을 가리켜 말씀하심인 줄 알고.

6 We know ✓ you are a man of integrity and that you teach the way of God in accordance with the truth. (마22:16)

직역

우리는 알고 있다 당신이 성실한 사람이며 진리에 따라 하나님의 방식을 가르친다는 것을.

핵심구조

(동사) know + (that) + (주어) you + (동사) are
(동사) know + that + (주어) you + (동사) teach

단어 및 숙어의 확장

숙어 a man of integrity=성실한 사람
in accordance with=...에 따라, ...와 일치하여

참고
• know와 you 사이에 종속접속사 that이 생략되어 있다.
• and 다음에는 종속접속사 that이 생략되지 않고 그대로 쓰였다. (p.72-73 참고)

의역

우리가 아노니 당신은 참되시고 참으로써 하나님의 도를 가르치시며.

7 Do you think ✓ I cannot call on my Father, and he will at once put at my disposal more than twelve legions of angels? (마26:53)

직역

너희는 생각하느냐? 내가 나의 아버지를 부탁할 수 없으며 아버지가 즉시 내 마음대로 열 두 군대 이상의 천사들을 보내줄 수 없다고.

핵 심 구 조

(동사) think + (that) + (주어) I + (동사) cannot call

단어 및 숙어의 확장

명 사 legion 군대, 군단

숙 어 at once 즉시, 곧 / call on 부탁하다, ~에게 요구하다, 청하다
at one's disposal ...의 뜻대로 되는, ...의 마음대로 되는

참고 • think와 I 사이에 종속접속사 that이 생략되어 있다.

의역

너는 내가 내 아버지께 구하여 지금 열두 영 더 되는 천사를 보내시게 할 수 없는 줄로 아느냐.

8 But how then would the Scriptures be fulfilled that say ✓ it must happen in this way? (마26:54)

직역

그러나 그렇다면 그것이 이런 식으로 일어나야만 한다고 말하는 성경이 어떻게 성취될 수 있겠느냐?

핵 심 구 조

(동사) say + (that) + (주어) it + (동사) must happen

단어 및 숙어의 확장

동 사 fulfill 성취하다

참고
- say와 it 사이에 종속접속사 that이 생략되어 있다.
- 밑줄 친 that은 주격관계대명사로서 선행사는 the Scriptures이다. (p.113-114 참고)

의역

내가 만일 그렇게 하면 이런 일이 있으리라 한 성경이 어떻게 이루어지리요?

9 For he knew ✓ it was out of envy <u>that</u> they had handed Jesus over to him. (마27:18)

직역

왜냐하면 그는 알았기 때문이었다. 그들이 예수님을 자기에게 넘겨준 것은 시기심 때문이었다는 것을.

성경해설 여기에서 'him'은 빌라도이다.

핵심구조

(동사) knew + (that) + (주어) it + (동사) was

참고
- knew와 it사이에는 종속접속사 that이 생략되어 있다.
- 생략된 that이후는 it ... that 강조구문으로 'out of envy'가 강조되어 있다. (p.160 참고)

의역

이는 저가 그들의 시기로 예수를 넘겨 준 줄 앎이러라.

06 관계대명사 that이 들어간 문장

중요포인트

문장과 문장을 이어주는 것이 관계대명사이다

형태: 명사 + [that + 동사]: 관계대명사 뒤에 동사가 오면 주격관대

명사 + [that + 주어 + 동사]: 관계대명사 뒤에 주어동사가 오면 목적격관대

명사 + [(✓)+ 주어 + 동사]: 목적격관계대명사는 생략됨

예시 1

- My brother is very smart. He sings well.

이 두 문장을 관계대명사로 연결하면, My brother <u>that</u> sings well is very smart. 이 된다 (노래를 잘 부르는 내 동생은 매우 총명하다) (that의 바로 뒤에 동사가 왔으므로 that은 주격이다)

예시 2

- It is the book. I bought it in Hawaii.

이 두 문장을 관계대명사로 연결하면,
It is the book that I bought in Hawaii. 가 된다. (그것은 내가 하와이에서 샀던 책이다) (that 바로 뒤에 주어와 동사가 왔으므로 that은 목적격이다)

예시 3

- It is the book. I bought it in Hawaii.

를 관계대명사로 연결한 것이
It is the book that I bought in Hawaii. 이다. 그러나 목적격관계대명사는 생략될 수 있기 때문에 that을 생략하면 It is the book I bought in Hawaii. 가 된다.

[주격관계대명사가 들어 있는 문장]

1 Every tree that does not produce good fruit will be cut down and thrown into the fire. (마3:10)

직역

좋은 열매를 맺지 못하는 모든 나무는 잘려져서 불에 던져질 것이다.

핵심구조

명사 every tree + that + 동사 does not produce

참고
- 주격관계대명사, 선행사 tree 앞에 every가 왔으므로 반드시 that을 사용한다.

의역

좋은 열매 맺지 아니하는 나무마다 찍어 불에 던지우리라.

2 "Man does not live on bread alone, but on every word that comes from the mouth of God. (마4:4)

직역

인간은 빵으로만 사는 것이 아니라 하나님의 입에서 나오는 모든 말씀으로 살아간다.

핵심구조

명사 every word + that + 동사 comes

참고 • 주격관계대명사, 선행사 앞에 every가 왔으므로 반드시 that을 사용한다.

의역

사람이 떡으로만 살 것이 아니요 하나님의 입으로 나오는 모든 말씀으로 살 것이라.

3 Enter through the narrow gate. For wide is the gate and broad is the road <u>that</u> leads to destruction, and many enter through it. But small is the gate and narrow the road that leads to life, and only a few find it. (마7:13-14)

직역

좁은 문으로 들어가라. 파멸로 이끄는 문과 길은 넓어서 들어가는 사람이 많기 때문이다. 그러나 생명으로 인도하는 문과 길은 작고 좁아서 극소수만이 그 길을 발견한다.

핵심구조

명사 the road + that + 동사 leads

단어 및 숙어의 확장

명사 destruction 파괴, 파멸

동사 destroy 파멸하다, 파괴하다, 파괴시키다

참고
- that은 주격관계대명사

의역

좁은 문으로 들어가라 멸망으로 인도하는 문은 크고 그 길이 넓어 그리로 들어가는 자가 많고 생명으로 인도하는 문은 좁고 길이 협착하여 찾는 이가 적음이니라.

4 Every tree that does not bear good fruit is cut down and thrown into the fire. (마7:19)

직역

좋은 열매를 맺지 못하는 나무는 모두 잘려서 불에 내던져진다.

핵심구조

명사 every tree + that + 동사 does not bear

의역

아름다운 열매를 맺지 아니하는 나무마다 찍혀 불에 던지우느니라.

5 There is nothing concealed that will not be disclosed, or hidden that will not be made known. (마10:26)

직역

드러나지 않을 숨겨진 것은 아무 것도 없고 알려지지 않을 숨겨진 것은 아무 것도 없다.

핵심구조

명사 nothing + that + 동사 will not be disclosed or hidden

단어 및 숙어의 확장

동 사 conceal 숨기다 / disclose 드러내다 / hide 숨기다 hide-hid-hidden

참고
• that은 주격관계대명사이며 nothing은 선행사이다.

의역

감추인 것이 드러나지 않을 것이 없고 숨은 것이 알려지지 않을 것이 없느니라.

6 If the miracles that were performed in you had been performed in Tyre and Sidon, they would have repented long ago in sackcloth and ashes. (마11:21)

직역

너에게서 행해졌던 기적이 두로와 시돈에서 행해졌었더라면 그들은 오래 전에 베옷과 잿속에서 회개했었을 것이다.

핵심구조

명사 miracles + that + 동사 were performed

단어 및 숙어의 확장

명 사 Tyre 두로 / Sidon 시돈 / sackcloth 베옷

참고
• that은 주격관계대명사이며 miracles가 선행사이다.

의역

너희에게서 행한 모든 권능을 두로와 시돈에서 행하였더면 저희가 벌써 베옷을 입고 재에 앉아 회개하였으리라.

7 The one who received the seed that fell on rocky places is the man who hears the word and at once receives it with joy. (마13:20)

직역

돌이 많은 장소에 떨어진 씨앗을 받은 사람은 말씀을 듣고 즉시 기쁜 마음으로 받아들이는 사람이다.

성경해설 말씀을 듣고 즉시 기쁨으로 받으나 그 속에 뿌리가 없어서 잠시 견디다가 말씀을 인하여 환난이나 핍박이 일어나면 곧 넘어지는 자이다.

핵심구조

명사 the seed + that + 동사 fell

참고 • that은 주격관계대명사로 선행사는 the seed이다.

의역

돌밭에 뿌리웠다는 것은 말씀을 듣고 즉시 기쁨으로 받아들이는 자이다.

8 The one who received the seed <u>that</u> fell among the thorns is the man who hears the word, but the worries of this life and the deceitfulness of wealth choke it, making it unfruitful. (마13:22)

직역

가시덩쿨 사이로 떨어진 씨앗을 받은 사람은 말씀을 듣지만 이 세상의 걱정과 재산의 속임수가 말씀을 숨막히게 하고 열매 맺지 못하게 한다.

성|경|해|설 말씀을 듣지만 세상의 염려와 재리의 유혹에 말씀이 막혀서 결실을 맺지 못하는 자이다.

핵심구조

명사 the seed + that + 동사 fell

단어 및 숙어의 확장

형용사 deceitful 사기적인, 속임수의, 사람을 속이는, 거짓의

동 사 deceive 사기치다, 기만하다, 속이다, choke 질식시키다

명 사 deceit 속임, 책략, 사기, 허위, 교활함

참고
• that은 주격관계대명사로 선행사는 the seed이다.

의역

가시떨기에 뿌리웠다는 것은 말씀을 들으나 세상의 염려와 재리(財利)의 유혹에 말씀이 막혀 결실치 못하는 자요.

9 The one who received the seed <u>that</u> fell on good soil is the man who hears the word and understands it. (마13:23)

직역

좋은 흙에 떨어진 씨앗을 받은 사람은 말씀을 듣고 이해하는 사람이다.

성|경|해|설 하나님의 복음을 듣고 받아들이되 끝까지 받아들여 의와 생명의 열매를 맺는 신실한 마음을 가진 자이다.

핵심구조

명사 the seed + that + 동사 fell

참고 • that은 주격관계대명사로 선행사는 the seed이다.

의역

좋은 땅에 뿌리웠다는 것은 말씀을 듣고 깨닫는 자이니라.

10 They will weed out of his kingdom everything <u>that</u> causes sin and all who do evil. (마13:41)

직역

그들은 천국으로부터 죄를 야기시키는 모든 것과 악을 행하는 모든 자들을 뽑아낼 것이다.

핵심구조

명사 everything + that + 동사 causes

단어 및 숙어의 확장

동 사 cause 야기시키다, 원인이 되다 /
weed 잡초를 뽑다, (유해물, 무용물을) 지우다, 제거하다

참고
- that은 주격관계대명사이다. 선행사는 everything이다.
- weed의 목적어는 everything과 all 이다.

의역

저희가 그 나라에서 모든 넘어지게 하는 것과 또 불법을 행하는 자들을 거두어 내어.

11 Once again, the kingdom of heaven is like a net that was let down into the lake and caught all kinds of fish. (마13:47)

직역

다시 한 번 말하지만, 천국이란 호수 안으로 내려뜨려져서 모든 종류의 물고기를 잡는 그물과 같다.

핵심구조

명사 net + that + 동사 was let / caught

단어 및 숙어의 확장

숙 어 let down (잡아)내리다, 낮게 하다

참고
- that은 주격관계대명사로서 선행사는 net이다.

의역

또 천국은 마치 바다에 치고 각종 물고기를 모든 그물과 같으니.

12 They all ate and were satisfied, and the disciples picked up twelve basketfuls of broken pieces that were left over. (마14:20)

직역

그들 모두가 먹고 만족했다. 제자들은 남은 부서진 조각들을 열두 바구니나 모았다.

핵심구조

명사 twelve basketfuls of broken pieces + that + 동사 were left

참고 • that은 주격관계대명사로 선행사는 twelve basketfuls of broken pieces.

의역

다 배불리 먹고 남은 조각을 열두 바구니에 차게 거두었으며.

13 But the things that come out of the mouth come from the heart, and these make a man 'unclean.' (마15:18)

직역

그러나 입에서 나오는 것들은 마음에서 나온다. 그리고 이것들이 인간을 '불결'하게 만든다.

핵심구조

명사 the things + that + 동사 come

참고
• that은 주격관계대명사로서 선행사는 the things이다.

의역

입에서 나오는 것들은 마음에서 나오나니 이것이야말로 사람을 더럽게 하느니라.

14 "Yes, Lord," she said, "but even the dogs eat the crumbs that fall from their masters' table." (마15:27)

직역

그녀가 말했다. "네, 주님, 그러나 개들조차도 그들의 주인의 식탁에서 떨어진 부스러기를 먹습니다."

핵심구조

명사 the crumbs + that + 동사 fall

단어 및 숙어의 확장

명사 crumbs 작은 조각, 빵부스러기, 소량

참고
• that은 주격관계대명사로서 선행사는 the crumbs이다.

의역

여자가 가로되 주여 옳소이다마는 개들도 제 주인의 상에서 떨어지는 부스러기를 먹나이다 하니.

15 Afterward the disciples picked up seven basketfuls of broken pieces that were left over. (마15:37)

직역

나중에 제자들은 남은 부서진 조각들을 모았더니 일곱 광주리가 되었다.

핵심구조

명사 seven basketfuls of broken pieces + that + 동사 were left

참고
• that은 주격관계대명사로서 선행사는 seven basketfuls of broken pieces 이다.

의역

남은 조각을 일곱 광주리에 차게 거두었으며.

16 Woe to the world because of the things that cause people to sin! (마18:7)

직역

사람들에게 죄를 짓게 하는 것 때문에 이 세상에 화가 있을진저!

핵 심 구 조

명사 things + that + 동사 cause

단어 및 숙어의 확장

숙 어 woe to...=화 있을진저...화가 있으라!

참고 • that은 주격관계대명사로서 선행사는 things이다.

의역

실족케 하는 그 사람에게는 화가 있도다.

17 If a man owns a hundred sheep and one of them wanders away, will he not leave the ninety-nine on the hills and go to look for the one that wandered off? (마18:12)

직역

만약 어떤 사람이 100마리의 양을 소유하여 그중 한 마리가 길을 잃고 헤맨다면 양치기는 언덕 위에 99마리를 내버려두고 방황하는 그 한 마리를 찾으러 가지 않겠느냐?

핵 심 구 조

명사 the one + that + 동사 wandered

참고 • that은 주격관계대명사로서 선행사는 the one이다.

의역

만일 어떤 사람이 양 일백 마리가 있는데 그 중에 하나가 길을 잃었으면 그 아흔아홉 마리를 산에 두고 가서 길 잃은 양을 찾지 않겠느냐?

18 If he finds it, I tell you the truth, he is happier about that one sheep than about the ninety-nine <u>that</u> did not wander off. (마18:13)

직역

너희에게 진실로 말하노니, 만약 그 한 마리를 찾으면, 그는 방황하지 않았던 99마리에 대해서보다 그 한 마리에 대해서 더 행복할 것이다.

핵심구조

명사 ninety-nine + that + 동사 did not wander

참고 • that은 주격관계대명사로서 선행사는 ninety-nine이다. (p.36 참고)

의역

진실로 너희에게 이르노니 만일 찾으면 길을 잃지 아니한 아흔아홉 마리보다 이것을 더 기뻐하리라.

19 When the other servants saw what had happened, they were greatly distressed and went and told their master everything that had happened. (마18:31)

직역

다른 하인들이 일어난 일을 알았을 때 그들은 매우 괴로워하며 가서 그들의 주인에게 일어났던 모든 일을 말했다.

핵심구조

명사 everything + that + 동사 had happened

단어 및 숙어의 확장

동사 distress 괴롭히다, 슬프게 하다, be distressed 고민하다, 괴로워하다

부사 greatly=very

참고 • that은 주격관계대명사로서 선행사는 everything이다.

의역

그 동관들이 그것을 보고 심히 민망하여 주인에게 가서 그 일을 다 고하니.

20 The crowds that went ahead of him and those that followed shouted, "Hosanna to the Son of David!" (마21:9)

직역

그의 앞에 갔던 군중들과 따라갔던 사람들은 소리쳤다, "호산나 다윗의 자손이여!"

핵 심 구 조

명사 the crowds + that + 동사 went
명사 those + that + 동사 followed

단어 및 숙어의 확장

명 사 crowds 군중
숙 어 ahead of...의 앞에

참고
- that은 주격관계대명사로서 선행사는 crowds이다.
- those다음의 that도 주격관계대명사로서 선행사는 those(people)이다.
- those 다음에는 people이 생략돼있다.

의역

앞에서 가고 뒤에서 따르는 무리가 소리 질러 가로되 호산나 다윗의 자손이여!

21 You blind fools ! Which is greater: the gold, or the temple that makes the gold sacred? (마23:17)

직역

너희 눈먼 바보들아! 금과 금을 신성하게 만드는 성전 둘 중에 어느 것이 더 위대하냐?

핵 심 구 조

명사 the temple + that + 동사 makes

단어 및 숙어의 확장

형용사 sacred 신성한, 성스러운

참고 • that은 주격관계대명사로서 선행사는 temple이다.

의역

우맹이요 소경들이여 어느 것이 크뇨 그 금이냐 금을 거룩하게 하는 성전이냐?

22 You blind men! Which is greater: the gift, or the altar that makes the gift sacred? (마23:19)

직역

너희 눈 먼 자들아! 선물과 그 선물을 신성하게 만드는 제단 중에 어느 것이 더 위대하냐?

핵심구조

명사 the altar + that + 동사 makes

참고 • that은 주격관계대명사로서 선행사는 altar이다.

의역

소경들이여 어느 것이 크뇨 그 예물이냐 예물을 거룩하게 하는 제단이냐?

23 And so upon you will come all the righteous blood that has been shed on earth, from the blood of righteous Abel to the blood of Zechariah son of Berekiah, whom you murdered between the temple and the altar. (마23:35)

직역

의로운 아벨의 피로부터 너희가 성전과 제대사이에서 살해했던 베레기아의 아들 제카라이어의 피에 이르기까지 지상에 흘려진 모든 정의로운 피가 너희에게 그렇게 이를 것이다.

핵심구조

명사 blood + that + 동사 has been shed

단어 및 숙어의 확장

숙어 the righteous=righteous people=정의로운 사람들 /
from A to B : A에서 B까지
동사 shed (피, 눈물, 땀을) 흘리다
명사 altar 제대, 제단

참고

- 이 문장의 전체의 주어는 all the righteous blood이다.
- that은 주격관계대명사로서 that이하는 the righteous blood를 수식하는 형용사절이다.
- 도치된 문장이다. 바르게 하면 All the righteous blood that.... will come upon you so.가 된다.
- whom은 계속적 용법으로서 and you murdered them between the temple and the altar로 바꿀 수 있다.

의역

그러므로 의인 아벨의 피로부터 성전과 제단 사이에서 너희가 죽인 바라갸의 아들 사가랴의 피까지 땅위에서 흘린 의로운 피가 다 너희에게 돌아가리라.

24 So when you see standing in the holy place 'the abomination that causes desolation,' spoken of through the prophet Daniel – let the reader understand – then let those who are in Judea flee to the mountains. (마24:15-16)

직역

그래서 너희가 예언자 다니엘을 통해서 말되어진 '황폐함을 야기시키는 혐오감'이 거룩한 장소에 서 있는 것을 볼 때에(독자가 이해하도록 하라)–유대에 있는 사람들로 하여금 산으로 도망치게 하라.

핵심구조

명사 abomination + that + 동사 causes

단어 및 숙어의 확장

명사 abomination 혐오, 가증한 일 / desolation 황폐, 황무

동사 abominate 혐오하다 / flee 도망가다

참고

- that은 주격관계대명사로서 선행사는 abomination이다.
- when이하의 부사절에서 see의 목적어는 'the abomination that causes desolation,' spoken of through the prophet Daniel이다. standing은 목적보어이다.
- let은 사역동사로서 flee의 앞에 to가 없다.

의역

그러므로 너희가 선지자 다니엘의 말한 바 멸망의 가증한 것이 거룩한 곳에 선 곳을 보거든 (읽는 자는 깨달을찐저) 그 때에 유대에 있는 자들은 산으로 도망할찌어다.

25 As lightning that comes from the east is visible even in the west, so will be the coming of the Son of Man. (마24:27)

직역

동쪽에서 오는 번개가 서쪽에서도 보이듯이 인자의 오심도 그러할 것이다.

핵심구조

명사 lightning + that + 동사 comes

단어 및 숙어의 확장

명 사 lightening 번개

형용사 visible 볼 수 있는, 보이는

참고

- that은 주격관계대명사로서 선행사는 lightning이다.
- as A, so B=A하듯, B하다.

의역

번개가 동편에서 나서 서편까지 번쩍임같이 인자의 임함도 그러하리라.

26 But how then would the Scriptures be fulfilled that say ✓ it must happen in this way? (마26:54)

직역

그러나 그렇다면 그것이 이런 식으로 일어나야만 한다고 말하는 성경이 어떻게 성취될 수 있겠느냐?

핵 심 구 조

명사 Scriptures + that + 동사 say

단어 및 숙어의 확장

명 사 Scripture 성경, 성서

참고
- that은 주격관계대명사로서 선행사는 the Scriptures이다.
- say와 it 사이에는 종속접속사 that이 생략되어 있다. (pp.91-92 참고)

의역

내가 만일 그렇게 하면 이런 일이 있으리라 한 성경이 어떻게 이루어지리요?

27 When the centurion and those with him who were guarding Jesus saw the earthquake and all <u>that</u> had happened, they were terrified, and exclaimed, "Surely he was the Son of God." (마27:54)

직역

백부장과 예수님을 지키면서 그와 함께 있던 사람들은 지진과 발생했던 모든 것을 보았을 때, 소스라치게 놀랐으며 이렇게 외쳤다. "틀림없이 그는 하나님의 아들이었다."

핵 심 구 조

명사 all + that + 동사 had happened

단어 및 숙어의 확장

명 사 centurion 백부장

동 사 guard 지키다 / exclaim 외치다, 주장하다 / terrify 놀래다, 겁나게 하다, be terrified at(with)...에 놀라다, ...에 간담이 서늘해지다

참고
- that은 주격관계대명사로서 선행사는 all이다.
- those 다음에는 people이 생략되어 있다.

의역

백부장과 및 함께 예수를 지키던 자들이 지진과 그 되는 일들을 보고 심히 두려워하여 가로되 이는 진실로 하나님의 아들이었도다 하더라.

28 While the women were on their way, some of the guards went into the city and reported to the chief priests everything <u>that</u> had happened. (마28:11)

직역

여자들이 가는 도중에 몇 명의 문지기들이 그 도시로 들어가서 대제사장들에게 일어났던 모든 일을 보고하였다.

핵심구조

명사 everything + that + 동사 had happened

단어 및 숙어의 확장

숙 어 on one's way=...가는 도중에
예) I met her on my way home.
나는 집에 가는 도중에 그녀를 만났다.

참고 • that은 주격관계대명사로 선행사는 everything이다.

의역

여자들이 갈 제 파숫군 중 몇이 성에 들어가 모든 된 일을 대제사장들에게 고하니.

목적격관계대명사가 들어 있는 문장

1 The kingdom of heaven is like yeast that a woman took and mixed into a large amount of flour until it worked all through the dough. (마13:33)

직역

천국은 이스트와 같다. 한 여자가 그 이스트를 가져다가 많은 양의 밀가루에 섞어서 마침내 반죽덩어리를 만들었다.

핵심구조

명사 yeast + that + 주어 a woman + 동사 took and mixed

단어 및 숙어의 확장

명 사 flour 밀가루 / dough 가루반죽, 반죽덩어리

숙 어 all through 내내, 그동안 쭉

참고
• that은 목적격 관계대명사이다. 목적격 관계대명사는 바로 뒤에 주어와 동사가 온다. 선행사는 yeast이다.

의역

천국은 마치 여자가 가루 서 말 속에 갖다 넣어 전부 부풀게 한 누룩과 같으니라.

2 Every plant <u>that</u> my heavenly Father has not planted will be pulled up by the roots. (마15:13)

직역

천국에 계시는 아버지께서 심지 않은 모든 식물은 뿌리가 뽑힐 것이다.

핵심구조

명사 every plant + that + 주어 my heavenly Father + 동사 has not planted

참고
• that은 목적격 관계대명사로서 선행사는 plant이다.
• 목적격관계대명사는 생략될 수 있다.

의역

심은 것마다 내 천부께서 심으시지 않은 것은 뽑힐 것이니.

3 Since he was not able to pay, the master ordered that he and his wife and his children and all <u>that</u> he had be sold to repay the debt. (마18:25)

직역

그가 지불할 수 없었기 때문에 주인은 그와 그의 아내와 아이들, 그리고 그가 가진 모든 것을 팔아서 그 빚을 다시 갚으라고 명령하였다.

핵심구조

명사 all + that + 주어 he + 동사 had

단어 및 숙어의 확장

명사 **동사** debt 빚(지다) ('b'는 묵음)

참고

- that은 목적격관계대명사로서 선행사는 all이다.
- ordered 다음의 that은 종속접속사이다.
- be 앞에는 should가 생략되어 있다.

의역

갚을 것이 없는지라 주인이 명하여 그 몸과 처와 자식들과 모든 소유를 다 팔아 갚게 하라 한대.

4 Am I leading a rebellion <u>that</u> you have come out with swords and clubs to capture me? (마26:55)

직역

너희들이 칼과 곤봉을 들고 나를 사로잡으려고 오는 반란을 내가 인도한단 말이냐?

핵 심 구 조

명사 rebellion + that + 주어 you + 동사 have come

단어 및 숙어의 확장

명 사 rebellion 반란, 반항
동 사 capture 사로잡다, 포획하다

참고 • that은 목적격관계대명사로서 선행사는 rebellion이다.

의역

너희가 강도를 잡는 것같이 검과 몽치를 가지고 나를 잡으러 나왔느냐?

5 What is this testimony that these men are bringing against you? (마26:62)

직역

이 사람들이 가져온 너에 대한 안 좋은 이 증거는 무엇이냐?
성경해설 'you'는 예수님을 의미한다.

핵 심 구 조

명사 testimony + that + 주어 these men + 동사 are bringing

단어 및 숙어의 확장

명 사 testimony 증거, 증언, 간증

참고 • that은 목적격관계대명사로 선행사는 this testimony이다.

의역

이 사람들의 너를 치는 증거가 어떠하뇨.

6 Joseph took the body, wrapped it in a clean linen cloth, and placed it in his own new tomb that he had cut out of the rock. (마27:59-60)

직역

요셉은 그 시신을 가져다가 깨끗한 린넨천으로 싸고 바위에서 잘라낸 그 자신이 만든 새로운 무덤 안에 두었다.

핵심구조

명사 tomb + that + 주어 he + 동사 had cut

단어 및 숙어의 확장

명사 tomb 무덤, 묘지

동사 wrap 포장하다

참고 • that은 목적격관계대명사로 선행사는 new tomb이다.

의역

요셉이 시체를 가져다가 정한 세마포로 싸서 바위 속에 판 자기 새 무덤에 넣어두고.

07 관계대명사 that이 생략된 경우

중요포인트

목적격이 되는 that은 생략된다, 특히 구어체에서는 더욱 자주 생략된다.

> 형태: (관계대명사): 명사 +[✓ + 주어 + 동사]

예시 1

- This is the soap. I bought it in Israel.
  This is the soap (that) I bought in Israel. 이 문장에서 that은 목적격이므로 생략할 수 있다. (이것은 내가 이스라엘에서 산 비누이다)

예시 2

- He bought a digital camera in Japan. It is very good.
  The digital camera (that) he bought in Japan is very good.
  (그가 일본에서 산 디카는 매우 좋다)

▸ 생략된 종속접속사와 생략된 관계대명사 that을 구별하는 법 !

1) 종속접속사 that의 경우 핵심구조: 동사 + (that) + 주어 + 동사
I know (that) he is a doctor.
(나는 그가 의사라는 것을 안다)

2) 목적격관계대명사 that의 경우 핵심구조: 명사 + (that) + 주어 + 동사
This is the cellphone (that) he lost yesterday.
(이것은 그가 어제 잃어버린 휴대전화이다)

▸ 생략할 수 없는 주격관계대명사 that의 경우 핵심구조: 명사 + that + 동사

Do you know the woman that sings the gospel song?
(너는 복음성가를 부르는 그 여자를 아느냐?)

1 Then Herod called the Magi secretly and found out from them the exact time ✓the star had appeared. (마2:7)

직역

그때 헤롯은 비밀리에 동방박사들을 불러서 그들로부터 그 별이 나타났던 정확한 시간을 알아내었다.

핵심구조

명사 time + (that) + 주어 the star + 동사 had appeared

단어 및 숙어의 확장

부 사 secretly 비밀리에, 비밀로, 몰래

참고
• the exact time 다음에 목적격관계대명사 that 또는 시간을 나타내는 관계부사 when이 생략되어 있다.

의역

이에 헤롯이 가만히 박사들을 불러 별이 나타난 때를 자세히 묻고.

2 And he gave orders to kill all the boys in Bethlehem and its vicinity who were two years old and under, in accordance with the time ✓ he had learned from the Magi. (마2:16)

직역

그는 동방박사들에게서 들었던 시기에 따라 베들레헴과 그 근처에 있는 2살 이하의 모든 남자아이들을 죽이라는 명령을 내렸다.

핵심구조

명사 time + (that) + 주어 he + 동사 had learned

단어 및 숙어의 확장

명 사 vicinity 근처, 부근

숙 어 in accordance with ...에 따라,..와 일치하여

참고
- time 다음에 관계부사 when 또는 목적격 관계대명사 that이 생략되어 있다.

의역

베들레헴과 그 모든 지경 안에 있는 사내아이를 박사들에게 자세히 알아본 그 때를 표준하여 두 살부터 그 아래로 다 죽이니.

3 The star ✓ they had seen in the east went ahead of them until it stopped over the place where the child was. (마2:9)

목자들판교회

직역

동쪽에서 보았던 그 별이 그들의 앞쪽에 있다가 그 아기가 있는 장소 바로 위에 멈췄다.

핵심구조

명사 the star + (that) + 주어 they + 동사 had seen

단어 및 숙어의 확장

숙어 ahead of ...의 앞에, 앞서서, 능가하여

참고
• the star의 뒤에 목적격관계대명사 which 또는 that이 생략됨.

의역

동방에서 보던 그 별이 문득 앞서 인도하여 가다가 아기 있는 곳 위에 머물러 섰는지라.

4 "Do not break your oath, but keep the oaths ✓ you have made to the Lord. (마5:33)

직역

"너의 맹세를 깨뜨리지 말고 네가 하나님께 했던 맹세를 지켜라.

핵심구조

명사 oaths + (that) + 주어 you + 동사 have made

단어 및 숙어의 확장

명 사 oath 맹세, 선서, 서약

참고 • oaths 다음에 목적격관계대명사 that이나 which가 생략되어 있다.

의역

헛맹세를 하지 말고 네 맹세한 것을 주께 지키라.

5 Do not judge, or you too will be judged. For in the same way you judge others, you will be judged, and with the measure ✓ you use, it will be measured to you. (마7:1-2)

직역

판단하지 말라, 그렇지 않으면 너도 판단을 받을 것이다. 왜냐하면 네가 남을 판단하는 똑같은 방식으로 너희도 판단을 받을 것이기 때문이다. 너희가 사용하는 기준이 너희에게 적용될 것이기 때문이다.

핵 심 구 조

명사 measure + (that) + 주어 you + 동사 use

단어 및 숙어의 확장

동 사 명 사 measure 척도, 기준, 재다, 측정하다, 평가하다

참고 • measure와 you 사이에 목적격관계대명사 that이 생략되어 있다.

의역

비판을 받지 아니하려거든 비판하지 말라 너희의 비판하는 그 비판으로 너희가 비판을 받을 것이요 너희의 헤아리는 그 헤아림으로 너희가 헤아림을 받을 것이니라.

6 But go show yourself to the priest and offer the gift ✓ Moses commanded, as a testimony to them. (마8:4)

직역

직접 목회자에게 가서 모세가 명령한 선물을 제공하라, 그들에게 주는 간증으로서.

핵 심 구 조

명사 gift + (that) + 주어 Moses + 동사 commanded

단어 및 숙어의 확장

동 사 command 명령하다, 요구하다

명 사 testimony 간증

참고 • gift와 Moses 사이에 목적격관계대명사 which 또는 that이 생략되어 있다.

의역

가서 제사장에게 네 몸을 보이고 모세의 명한 예물을 드려 저희에게 증거하라.

7 Here is my servant whom I have chosen, the one ✓ I love... (마12:18)

직역

여기 내가 선택한 나의 종이 있다. 그는 내가 사랑하는 자이다.

핵심구조

명사 the one + (that) + 주어 I + 동사 love

의역

나의 택한 종 곧 내 마음에 기뻐하는바 나의 사랑하는 자로다.

8 I tell you that men will have to give account on the day of judgment for every careless word ✓ they have spoken. (마12:36)

직역

내가 너희에게 말하노니 사람들은 심판의 그날에 그들이 말했던 모든 부주의한 말들에 대해서 해명을 해야 할 것이다.

핵심구조

명사 word + (that) +주어 they + 동사 have spoken

단어 및 숙어의 확장

숙 어 give an account of...을 설명하다, ...에 대하여 답변하다 ...을 밝히다

형용사 careless 부주의한, 경솔한, 조심성 없는 (↔careful)

참고
- word와 they 사이에 목적격관계대명사 that이나 which가 생략되어 있다.
- I tell you 다음의 that은 종속접속사이다.

의역

내가 너희에게 이르노니 사람이 무슨 무익한 말을 하든지 심판날에 이에 대하여 심문을 받으리니.

9 When a man found it, he hid it again, and then in his joy went and sold all ✓ he had and bought that field. (마13:44)

직역

어떤 사람이 그것(보물)을 찾으면, 다시 숨기고 기뻐하며 다시 와서 자기가 가진 모든 것을 팔아서 그 땅을 샀다.

핵심구조

명사 all + (that) + 주어 he + 동사 had

참고
- all과 he 사이에 목적격관계대명사 that이 생략되어 있다.
- field 앞의 that은 field를 수식하는 지시형용사이다. (p.23 참고)

의역

사람이 이를 발견한 후 숨겨 두고 기뻐하여 돌아가서 자기의 소유를 다 팔아 그 밭을 샀느니라.

10 When he found one of great value, he went away and sold everything ✓ he had and bought it. (마13:46)

직역

그가 매우 귀중한 것을 하나 발견하면 떠났다가 자신이 가진 모든 것을 다 팔아서 그것을 샀다.

핵 심 구 조

명사 everything + (that) + 주어 he + 동사 had

단어 및 숙어의 확장

숙 어 of value=valuable=고귀한, 가치 있는
of great value=very valuable=매우 고귀한

참고 • everything과 he 사이에는 목적격 관계대명사 that이 생략되어 있다.

의역

극히 값진 진주 하나를 만나매 가서 자기의 소유를 다 팔아 그 진주를 샀느니라.

11 But I tell you, Elijah has already come, and they did not recognize him, but have done to him everything ✓ they wished. (마17:12)

직역

그러나 내가 너희에게 말하노니, 엘리야는 이미 왔고 그들이 그를 인식하지 못했으나 그들이 원했던 모든 일을 그에게 했다.

핵 심 구 조

명사 everything + (that) + 주어 they + 동사 wished

단어 및 숙어의 확장

동 사 recognize 인식하다, 깨닫다, 각성하다

참고 • everything과 they 사이에는 목적격관계대명사 that이 생략되어 있다.

의역

내가 너희에게 말하노니 엘리야가 이미 왔으되 사람들이 알지 못하고 임의로 대우하였도다.

12 Take the first fish ✓ you catch. (마17:27)

직역

너희가 잡은 첫 번 째 물고기를 가져가라.

핵심구조

명사 the first fish + (that) + 주어 you + 동사 catch

참고 • fish와 you 사이에 목적격관계대명사 that이 생략되어 있다.

의역

먼저 오르는 고기를 가져가라.

13 Again, I tell you that if two of you on earth agree about anything ✓ you ask for, it will be done for you by my Father in heaven. (마18:19)

직역

다시, 너희에게 말하거니와 만약 이 세상에서 너희 중에서 두 사람이 너희가 요구하는 어떤 것에 대하여 동의한다면, 그것은 하늘에 계신 나의 아버지에 의해서 너희를 위하여 행해 질 것이다.

핵심구조

명사 anything + (that) + 주어 you + 동사 ask

참고 • anything과 you 사이에 목적격관계대명사 that이 생략되어 있다.

의역

진실로 다시 너희에게 이르노니 너희 중에 두 사람이 땅에서 합심하여 무엇이든지 구하면 하늘에 계신 내 아버지께서 저희를 위하여 이루게 하시리라.

14 In anger his master turned him over to the jailers to be tortured, until he should pay back all ✓ he owed. (마18:34)

직역

화가 난 그의 주인은 그가 빚진 모든 것을 되갚을 때까지 죄수들에게 그를 넘겨서 고통을 받게 하였다.

핵 심 구 조

명사 all + (that) + 주어 he + 동사 owed

단어 및 숙어의 확장

동 사 torture 고문하다, 괴롭히다
owe 빚지고 있다, 의무가 있다, 은혜를 입고 있다
예) I owe you for the gas. 나는 당신에게 휘발유 값을 빚지고 있다

명 사 jailer 간수, 교도관

참고 • all과 he 사이에 목적격관계대명사 that이 생략되어 있다.

의역

주인이 노하여 그 빚을 다 갚도록 저를 옥졸들에게 붙이니라.

15 Can you drink the cup ✓ I am going to drink? (마20:22)

직역

너는 내가 마시려고 하는 잔을 마실 수 있느냐?

핵 심 구 조

명사 the cup + (that) + 주어 I + 동사 am going to drink

단어 및 숙어의 확장

숙 어 be going to=will=...하려고 하다, ...할 것이다

참고 • cup과 I 사이에 목적격관계대명사 that이나 which가 생략되어 있다.

의역

나의 마시려는 잔을 너희가 마실 수 있느냐?

16 When the chief priests and the teachers of the law saw the wonderful things ✓ he did and the children shouting in the temple area, "Hosanna to the Son of David," they were indignant. (마21:15)

직역

예수님이 했던 놀라운 일들과 "호산나 다윗의 자손이여"라고 성전에서 외치는 아이들을 보고 대제사장들과 율법학자들이 분개하였다.

핵심구조

명사 things + (that) + 주어 he + 동사 did

단어 및 숙어의 확장

형용사 indignant 분개한, 성난

참고 • things와 he 사이에 목적격관계대명사 that이나 which가 생략되어 있다.

의역

대제사장들과 서기관들이 예수의 하시는 이상한 일과 또 성전에서 소리 질러 호산나 다윗의 자손이여 하는 아이들을 보고 분하여.

17 The stone ✓ the builders rejected has become the capstone; the Lord had done this, and it is marvelous in our eyes. (마21:42)

직역

건물지은 자들이 거절했던 돌이 관석(冠石)이 되었다; 주님은 이 일을 행하셨고 우리의 눈에는 놀랍게 보인다.

핵심구조

명사 the stone + (that) + 주어 the builders + 동사 rejected

단어 및 숙어의 확장

명 사 capstone 관석, 극치, 결정
형용사 marvelous 불가사의한, 놀라운, 기적적인

참고 • stone과 the 사이에 목적격관계대명사 that 또는 which가 생략되어 있다.

의역

건축자들이 버린 돌이 모퉁이의 머릿돌이 되었나니 이것은 주로 말미암아 된 것요 우리 눈에 기이하도다.

18 Go to the street corners and invite to the banquet anyone ✓ you find. (마22:9)

직역

길의 모퉁이에 가서 너희가 발견한 누구라도 혼인잔치에 초대하라.

핵 심 구 조

명사 anyone + (that) + 주어 you + 동사 find

단어 및 숙어의 확장

명 사 banquet 향연, 축제, 연회

참고 • anyone과 you 사이에 목적격관계대명사 that이 생략되어 있다.

의역

사거리 길에 가서 사람을 만나는 대로 혼인 잔치에 청하여 오너라.

19 So the servants went out into the streets and gathered all the people ✓ they could find, both good and bad, and the wedding hall was filled with guests. (마22:10)

직역

그래서 하인들은 길로 나가서 발견할 수 있는 사람들을, 착한 자이거나 나쁜 자이거나 모두 모았더니 결혼식장은 손님들로 가득 찼다.

핵 심 구 조

명사 all the people + (that) + 주어 they + 동사 could find

단어 및 숙어의 확장

숙 어 be filled with=be full of=...로 가득 차다

참고 • people과 they 사이에 목적격관계대명사 that이 생략되어 있다.

의역

종들이 길에 나가 악한 자나 선한 자나 만나는 대로 모두 데려오니 혼인 자리에 손이 가득한지라.

20 So you must obey them and do everything ✓ they tell you. (마23:3)

직역

그리하여 너희들은 그들에게 복종해야 하고 그들이 너희에게 말하는 모든 것을 해야만 한다.

핵심구조

명사 everything + (that) + 주어 they + 동사 tell

단어 및 숙어의 확장

동사 obey 복종하다, 순종하다

참고 • everything과 they 사이에 목적격관계대명사 that이 생략되어 있다.

의역

그러므로 무엇이든지 저희의 말하는 바는 행하고 지키되.

21 Everything ✓ they do is done for men to see: (마23:5)

직역

그들이 하는 모든 것은 사람들이 보도록 행해진 것이다.

핵심구조

명사 everything + (that) + 주어 they + 동사 do

참고 • Everything과 they 사이에 목적격관계대명사 that이 생략되어 있다.

의역

저희 모든 행위를 사람에게 보이고자 하여 하나니.

22 The master of that servant will come on a day when he does not expect him and at an hour ✓ he is not aware of. (마24:50)

직역

그 하인의 주인은 그가 예기치 않은 날과 그가 깨닫지 못한 시간에 올 것이다.

핵심구조

명사 an hour + (that) + 주어 he + 동사 is
(that은 관계부사 when을 대신한다)

단어 및 숙어의 확장

숙어 be aware of=...을 깨닫다

참고
- hour와 he 사이에 목적격관계대명사 that이 생략되어 있다.
- servant 앞에 있는 that은 지시형용사이다.

의역

생각지 않은 날 알지 못하는 시간에 그 종의 주인이 이르러.

23 The one ✓ I kiss is the man; arrest him." (마26:48)

직역

내가 입 맞추는 사람이 그 사람이다; 그를 체포하라.

핵심구조

명사 the one + (that) + 주어 I + 동사 kiss

단어 및 숙어의 확장

동 사 arrest 체포하다

참고
- one과 I 사이에 목적격관계대명사 whom 또는 that이 생략되어 있다.

의역

내가 입 맞추는 자가 그이니 그를 잡으라.

24 Immediately a rooster crowed. Then Peter remembered the word ✓ Jesus had spoken: "Before the rooster crows, you will disown me three times." And he went outside and wept bitterly. (마26:74-75)

베드로 갈리칸투교회

직역

즉시 수탉이 울었다. 그때 베드로는 예수님이 하셨던 말씀이 기억났다. "닭이 울기 전에 너는 나를 세 번 부인할 것이다." 그래서 그는 밖으로 나가 몹시 울었다.

핵심구조

명사 the word + (that) + 주어 Jesus + 동사 had spoken

단어 및 숙어의 확장

명사 rooster (미)수탉, (영cock)
동사 crow (수탉이)울다 / disown (=deny) 부인하다
부사 immediately 곧, 즉시 / bitterly 몹시, 통렬히, 가차 없이

참고
• the word와 Jesus 사이에 목적격관계대명사 that 혹은 which가 생략되어 있다.

의역

닭이 곧 울더라 이에 베드로가 예수의 말씀에 닭 울기 전에 네가 세 번 나를 부인하리라 하심이 생각나서 밖에 나가서 심히 통곡하니라.

25 Don't you hear the testimony ✓ they are bringing against you? (마27:13)

직역

너는 듣지 못하였느냐? 너에게 반대하는 그들이 가져 온 증거를.
성|경|해설 빌라도가 예수님께 심문한 내용이다.

핵심구조

명사 testimony + (that) 주어 they + 동사 are bringing

단어 및 숙어의 확장

명 사 testimony 증거, 증언, 간증

참고
- testimony와 they 사이에 목적격관계대명사 that 혹은 which가 생략되어 있다.

의역

저희가 너를 쳐서 얼마나 많은 것으로 증거하는지 듣지 못하느냐.

08 so—that~ 관용구

중요포인트

형태: 구어체에서는 that이 생략될 수도 있다

so + 형용사 + (that) + 주어 + can + 동사원형으로 된 문장

such + a (an) + 형용사 + 명사 + (that) + 주어 + can + 동사원형으로 된 문장

so (that) + 주어+ may(can)+동사원형으로 된 문장

such (that) +주어+may(can)+동사원형으로 된 문장

예시 1 정도나 결과를 나타내는 종속접속사 that (매우...해서--하다)

so + 형용사 + that + 주어 + can + 동사원형 such + a (an) + 형용사 + 명사 + that + 주어 + can + 동사원형

- I was so tired that I went to bed early. (너무 피곤해서 일찍 잤다)
- He was so sad that he could not speak.
  (그는 몹시 슬퍼서 말도 못 할 정도였다)
- It was such a strong wind that it could break all the houses.
  (그것은 너무도 강한 바람이어서 모든 집을 부숴버릴 수 있었다)

예시 2 목적을 나타내는 종속접속사 that (...하기 위해서)

so that + 주어+ may(can)+동사원형으로 된 문장

- He got up early so that he might catch the first subway.
  (그는 첫지하철을 타기 위하여 일찍 일어났다)
- She worked hard so that she might not fail in the examination.
  (그녀는 시험에 실패하지 않으려고 열심히 공부하였다)

1 "As soon as you find him, report to me, so that I too may go and worship him." (마2:8)

직역

그를 찾자마자, 내게 알려라. 나도 가서 그를 경배할 수 있도록.

핵심구조

so that + 주어 I + may + 동사원형 go and worship

의역

아기에 대하여 찾아보고 찾거든 내게 고하여 나도 가서 그에게 경배하게 하라.

2 ... they will lift you up in their hands, so that you will not strike your foot against a stone. (마4:6)

직역

그들은 너를 그들의 손에 들어 올릴 것이다. 돌 한 개에라도 너의 발이 다치지 않게 하기 위해서이다.

핵심구조

so that + 주어 you + will + 동사원형 strike

의역

저희가 손으로 너를 받들어 발이 돌에 부딪히지 않게 하리로다.

3 But I tell you: Love your enemies and pray for those who persecute you, that you may be sons of your Father in heaven. (마5:44)

직역

너희에게 말하노라: 너의 적을 사랑하고 너를 박해하는 사람들을 위하여 기도하라. 하늘에 계신 너의 아버지의 아들이 될 수 있도록.

핵심구조

so that + 주어 you + may + 동사원형 be

단어 및 숙어의 확장

동 사 persecute 박해하다, 학대하다, 괴롭히다
명 사 enemy 적, 원수, 경쟁상대

참고 • that의 앞에 so가 생략되어 있다.

의역

나는 너희에게 이르노니 너희 원수를 사랑하며 너희를 핍박하는 자를 위하여 기도하라 이같이 하여 한즉 하늘에 계신 너희 아버지의 아들이 되리니.

4 When you give to the needy, do not let your left hand know what your right hand is doing, so that your giving may be in secret. (마6:3-4)

직역

궁핍한 자들에게 줄 때에는 네 오른손이 무슨 일을 하는 지 네 왼손이 알지 못하게 하라, 너의 베풂이 비밀리에 이루어질 수 있도록.

핵심구조

so that + 주어 your giving + may + 동사원형 be

단어 및 숙어의 확장

숙 어 in secret 비밀리에 / the needy=needy people=궁핍한 자들

의역

너는 구제할 때에 오른손의 하는 것을 왼손이 모르게 하여 네 구제함이 은밀하게 하라.

5 When you fast, put oil on your head and wash your face, so that it will not be obvious to men that you are fasting, but only to your Father. (마6:17-18)

직역

단식을 할 때에는 머리에 기름을 바르고 얼굴을 씻어라, 네가 단식한다는 것을 사람들에게는 드러나지 않고 오로지 하나님에게만 드러날 수 있도록.

핵심구조

so that + 주어 it + will + 동사원형 be

단어 및 숙어의 확장

동 사 fast 단식하다

형용사 obvious 분명한, 명백한, 명확한

의역

너는 금식할 때에 머리에 기름을 바르고 얼굴을 씻으라 이는 금식하는 자로 사람에게 보이지 않고 오직 은밀한 중에 계신 네 아버지께 보이게 하려함이라.

6 Without warning, a furious storm came up on the lake, so that the wave swept over the boat. (마8:24)

직역

경고도 하지 않은 채 사나운 폭풍이 호수위로 왔다. 그리하여 파도가 배를 쓸어버렸다.

핵심구조

so that + 주어 the wave + 동사 swept

단어 및 숙어의 확장

동 사 swept: sweep의 과거형, (쓸어버리다) sweep-swept-swept
형용사 furious 격노한, 사나운

참고 • 이 문장에서 so that+주어+동사는 결과적으로 해석한다. '그래서...'

의역

바다에 큰 놀이 일어나 물결이 배에 덮이게 되었으되.

7 They were so violent that no one could pass that way. (마8:28)

직역

그들은 너무도 폭력적이어서 아무도 그 길로 통과할 수 없었다.
성경해설 여기에서 'they'는 귀신들린 두 사람을 의미한다.

핵 심 구 조

so + 형용사 + that + 주어 no one + could + 동사원형

단어 및 숙어의 확장

형용사 violent 폭력적인, 격렬한, 광포한, 맹렬한

참고 • so...that+주어+can...의 문장으로 '매우...해서 ---하다.'

의역

저희는 심히 사나와 아무도 그 길로 지나갈 수 없을 만하더라.

8 Then they brought him a demon-possessed man who was blind and mute, and Jesus healed him, so that he could both talk and see. (마12:22)

직역

그때 그들은 눈이 멀고 말을 못하는 귀신들린 사람을 예수님에게 데려왔다. 예수님은 그를 치료하셔서 그는 말하고 볼 수 있었다.

성경해설 brought 다음의 him은 예수님을, healed 다음의 him은 귀신들린 사람이다.

핵 심 구 조

so that + 주어 he + could + 동사원형 talk / see

단어 및 숙어의 확장

형용사 demon-possessed 마귀에 사로잡힌

의역

그 때에 귀신 들려 눈멀고 벙어리 된 자를 데릭 왔거늘 예수께서 고쳐주시매 그 벙어리가 말하며 보게 된지라.

9 Though it is the smallest of all your seeds, yet when it grows, it is the largest of garden plants and becomes a tree, so that the birds of the air come and perch in its branches. (마13:32)

직역

비록 그것(겨자씨)이 너의 모든 씨앗 중에서 가장 작은 것일지라도, 자라면 정원식물 중에서 가장 큰 것이 되어 나무가 될 것이다. 그리하여 대기의 새들이 와서 그 가지에 둥지를 틀 것이다.

핵심구조

so that + 주어 the birds of the air + 동사원형 come and perch

단어 및 숙어의 확장

동 사 perch (새가) 횟대에 앉다, (사람이) 앉다, 자리를 차지하다

참고
- 결과적으로 해석한다.

의역

이는 모든 씨보다 작은 것이로되 자란 후에는 나물보다 커서 나무가 되매 공중의 새들이 와서 그 가지에 깃들이니라.

10 <u>Such</u> large crowds gathered around him <u>that</u> he got into a boat and sat in it, while all the people stood on the shore. (마13:2)

직역

너무도 많은 군중들이 그의 주변에 모여들어 그는 배 안으로 들어가서 앉았다. 반면 모든 사람들은 해변에 서있었다.

핵심구조

Such + 형용사 large + 명사 crowds + that + 주어 he + 동사 got/sat

참고

• such+형용사+명사+that+주어...의 문장이다.

의역

큰 무리가 그에게로 모여들거늘 예수께서 배에 올라가 앉으시고 온 무리는 해변에 섰더니.

11 On Herod's birthday the daughter of Herodias danced for them and pleased Herod <u>so much that</u> he promised with an oath to give her whatever she asked. (마14:6-7)

직역

헤롯의 생일에 헤로디아스의 딸이 그들을 위해 춤을 추었고 헤롯을 너무도 기쁘게 한 나머지 그는 그녀가 원하는 것이면 무엇이든지 주겠다는 맹세를 약속했다.

핵심구조

so + 부사 much + that + 주어 he + 동사 promised

의역

헤롯의 생일을 당하여 헤로디아의 딸이 연석 가운데서 춤을 추어 헤롯을 기쁘게 하니 헤롯이 맹세로 그에게 무엇이든지 달라는 대로 주겠다 허락하거늘.

12 But so that we may not offend them, go to the lake and throw out your line. (마17:27)

직역

그러나 우리가 그들을 불쾌하게 하지 않도록 호수로 가서 너의 줄을 던져라.

핵심구조

so + that + 주어 we + may + 동사원형

단어 및 숙어의 확장

동사 offend 기분 상하게 하다, 불쾌하게 하다, 거스르다, 위반하다, 범하다

의역

그러나 우리가 저희로 오해케 하지 않기 위하여 네가 바다에 가서 낚시를 던져라.

13 But if he will not listen, take one or two others along, so that 'every matter may be established by the testimony of two or three witnesses.' (마18:16)

직역

그러나 만약 그가 듣지 않으려 한다면, 한 두 명의 다른 사람들을 데리고 가라 모든 문제가 두 세 명의 증인의 간증으로 확립될 수 있도록 하기 위하여.

핵심구조

so + that + 주어 every matter + may + 동사원형 be

단어 및 숙어의 확장

명사 testimony 간증, 증거 / witness 증인
동사 establish 설립하다. 확립하다, 설치하다, 개설하다, 제정하다

의역

그러나 만일 듣지 않거든 한두 사람을 데리고 가서 두세 증인의 입으로 말마다 증참케 하라.

14 Well then, you should have put my money on deposit with the bankers, so that when I returned I would have received it back with interest. (마25:27)

직역

그러면, 너는 은행에 나의 돈을 저축해뒀다가 내가 돌아왔을 때 그 돈에 이자를 더하여 내가 받도록 했어야 했다.

핵 심 구 조

so + that + 주어 I + 동사 would have received
(when I returned는 때를 나타내는 부사절이다)

단어 및 숙어의 확장

숙 어 on deposit 예금하여, 저축하여 / should have put 저축했어야 했으나 안 해서 유감이다

명 사 interest 이자

의역

그러면 네가 마땅히 내 돈을 취리하는 자들에게나 두었다가 나로 돌아와서 내 본전과 변리를 받게 할 것이니라.

15 Watch and pray so that you will not fall into temptation. The spirit is willing, but the body is weak. (마26:41)

직역

깨어서 기도하라 유혹에 빠지지 않도록. 영혼은 의지적이나 육체는 약하다.

핵 심 구 조

so + that + 주어 you + will + 동사원형 fall

단어 및 숙어의 확장

명 사 temptation 유혹

의역

시험에 들지 않게 깨어 있어 기도하라 마음에는 원이로되 육신이 약하도다.

16 But this has all taken place ✓ that the writings of the prophets might be fulfilled. (마26:56)

직역

그러나 이 모든 것이 예언자들의 글이 성취되기 위하여 일어났다.

핵심구조

(so) + that + 주어 the writings of the prophets + might +동사원형 be

단어 및 숙어의 확장

숙 어 take place 일어나다, 발생하다

참고 • place와 that사이에 so가 생략되어 있다.

의역

그러나 이렇게 된 것은 다 선지자들의 글을 이루려 함이니라.

17 The chief priests and the whole Sanhedrin were looking for false evidence against Jesus so that they could put him to death. (마26:59)

직역

대제사장들과 모든 최고재판소는 예수님을 처형하기 위하여 그에게 반대하는 거짓증거를 찾는 중이었다.

핵심구조

so + that +주어 they + could + 동사원형 put

단어 및 숙어의 확장

명 사 Sanhedrin (Sanhedrim) 고대유대의 최고평의회 겸 최고재판소

숙 어 look for...을 찾다 / put to death 죽이다, 처형하다

의역

대제사장들과 온 공회가 예수를 죽이려고 그를 칠 거짓 증거를 찾으매.

18 The guards were so afraid of him that they shook and became like dead men. (마28:4)

직역

문지기들이 그를 너무도 두려워했기 때문에 그들은 떨었고 죽은 사람처럼 되었다.

성경해설 'him'은 하늘에서 내려 온 주의 천사이다.

핵 심 구 조

so + 형용사 afraid + that + 주어they + 동사 shook / became

단어 및 숙어의 확장

숙 어 be afraid of=...을 두려워하다 /
shook: shake의 과거형. shake-shook-shaken

의역

수직(守直)하던 자들이 저를 무서워하여 떨며 죽은 사람과 같이 되었더라.

19 But so that you may know that the Son of Man has authority on earth to forgive sins. (마9:6)

직역

그러나 이 지상에서 죄를 용서해주는 권위를 가진 자가 인간의 아들이라는 것을 네가 알 수 있도록.

핵 심 구 조

so that + 주어 + may + 동사 know

단어 및 숙어의 확장

명 사 authority 권위, 권력, 위신, 권한, 권능, 직권, 당국

참고
• so that+주어+may+동사원형의 구문이다. know다음의 that은 종속접속사로서 that이하는 know의 목적어를 나타내는 명사절이다.

의역

그러나 인자가 세상에서 죄를 사하는 권세가 있는 줄을 너희로 알게 하려 하노라 하시고.

09 It~that—강조구문이 쓰인 문장

중요포인트

형태: It + 강조할 부분 + that + 주어 + 동사——

예시

- It was he that brought a flower yesterday.
  (어제 꽃 한 송이를 가져온 사람은 바로 그였다) (he를 강조함)
- It was a flower that he brought yesterday.
  (어제 그가 가져온 것은 꽃 한 송이었다) (a flower를 강조함)
- It was yesterday that he brought a flower.
  (그가 꽃 한 송이를 가져온 것은 어제였다) (yesterday를 강조함)

1 But the Pharisees said, "It is by the prince of demons that he drives out demons. (마9:34)

직역

그러나 바리새인들이 이렇게 말했다. "예수님이 마귀들을 쫓아낸 것은 악령의 왕자에 의해서이다."

핵심구조

It + by the prince of demons + that + 주어 he + 동사 drives

참고 • by the prince of demons가 강조된 것이다.

의역

바리새인들은 가로되 저가 귀신의 왕을 빙자하여 귀신을 쫓아낸다 하더라.

2 It is only by Beelzebub the prince of demons that this fellow drives out demons. (마12:24)

직역

이 사람이 귀신을 쫓아낸 것은 오로지 귀신의 우두머리인 바알세불에 의해서이다.

핵심구조

It + only by Beelzebub the prince of demons + that + this fellow drives

참고
• only by Beelzebub the prince of demons가 강조된 것이다.

의역

바리새인들은 듣고 가로되 이가 귀신의 왕 바알세불을 힘입지 않고는 귀신을 쫓아 내지 못하느니라 하거늘.

3 For he knew it was out of envy that they had handed Jesus over to him. (마27:18)

직역

왜냐하면 그는 알았기 때문이었다. 그들이 예수님을 자기에게 넘겨준 것은 시기심 때문이었다는 것을.

핵심구조

it + out of envy + that + 주어 they + 동사 had handed

단어 및 숙어의 확장

명 사 envy 시기심, 질투심

참고
• out of envy가 강조된 것이다.
• knew와 it사이에는 종속접속사 that이 생략되어 있다. (p.92 참고)

의역

이는 저가 그들의 시기로 예수를 넘겨 준 줄 앎이러라.

10 that의 관용구

중요포인트

1) see (to it) that이 쓰인 문장
2) How is it (that)이 쓰인 문장

형태: 1) See (to it) that... = ...하도록 (조처)하다

예시

- See (to it) that he does the job properly.
  (그가 일을 틀림없이 하도록 해주게)

형태: 2) How is it (that)... = 어째서...인가(한가)?

예시

- How is it that you are always late for classes?
  (항상 수업에 늦는 것은 무슨 이유요?) (어째서 항상 수업에 늦나요?)

1 Then Jesus said to him, "See (to it) that you don't tell anyone." (마8:4)

직역

그때 예수께서 그에게 말씀하셨다, "조처하라 다른 이들에게 말하지 않도록."

핵심구조

See (to it) + that + 주어 you + 동사 don't tell

의역

예수께서 이르시되 삼가 아무에게도 이르지 말고.

2 Jesus warned them sternly, "See that no one knows about this." (마9:30)

직역

예수님은 그들을 엄격하게 경고하셨다. "조처하라 이 일에 대하여 아무도 모르도록."

핵심구조

See (to it) that + 주어 no one + 동사 knows

단어 및 숙어의 확장

동 사 warn 경고하다

부 사 sternly 엄격하게, 엄하게

의역

예수께서 엄히 경계하시되 삼가 아무에게도 알게 하지 말라 하셨으나.

3 See that you do not look down on one of these little ones. (마18:10)

직역

조처하라 이 어린 사람들 중 한 명도 무시하지 않도록.

핵심구조

See (to it) that + 주어 you + 동사 do not look

단어 및 숙어의 확장

숙어 look down on (=despise) 무시하다, 멸시하다
look up to (=respect) 존경하다

의역

삼가 이 소자(小子)중에 하나도 업신여기지 말라.

4 See to it that you are not alarmed. (마24:6)

직역

조처하라 너희는 두려워하지 않도록.

핵 심 구 조

See to it that + 주어 you + 동사 are

단어 및 숙어의 확장

명 사 동 사 alarm 경보, 비상신호, 놀람 / ..에게 경보를 발하다, 경계시키다

의역

너희는 삼가 두려워 말라.

5 How is it you don't understand that I was not talking to you about bread? (마16:11)

직역

어찌 이해하지 못하느냐? 내가 너희들에게 빵에 대해서 말한 것이 아니라는 것을.

핵 심 구 조

How is it + that + (주어) I + (동사) was not talking

참고

- that은 understand의 목적어로서 명사절을 이끈다. (pp.55-56 참고)
- How is it 다음에는 that이 생략되어 있다. How is it that...?은 어째서...인가(한가)?의 뜻.

의역

어찌 내 말한 것이 떡에 관함이 아닌 줄을 깨닫지 못하느냐?

연 | 습 | 문 | 제

다음 1) 각 문장을 해석하고 2) 표시된 that의 용법과 생략된 that을 찾아서 그 용법을 말하시오.

1. I'm afraid we'll be late.
2. I'm sorry I'm late.
3. I'm glad you stopped in.
4. I'm afraid I can't help you.
5. I'm sorry I'm calling at this late hour.
6. I said I should think it over.
7. What do you mean by that?
8. Would you repeat that, please?
9. Say that again, please?
10. What a surprise ! I didn't know you were here.
11. No wonder you say that.
12. I heard you met Susan yesterday.
13. I think I sprained my ankle.
14. I think that my friend is diligent.
15. I think she is happy.
16. It was cold that morning.
17. He says that he goes to school to study.
18. She said that she was happy to death.
19. He told me that he had given me that book.
20. This is the best book that I have.
21. Please give me a chair I sit on.
22. He is the brightest man that I have ever met.
23. He is the first Korean that climbed on the top of Mt. Everst.
24. She spent all the money her mother gave her.

25. She went to Germany so that she might study theology.

26. He is so old that he cannot climb Mt. Fuji.

27. He was so kind that he told us the way to the Gaebong subway station.

28. I believe that natural areas are for recreation.

29. I know that nature doesn't like me.

30. Many people think that the typical North American diet consists of fast food — hamburgers, hot dogs, french fries, pizza, fried chicken, and so on.

31. How do we achieve that balance?

32. We can choose foods from a variety of sources, control the quantities that we eat, limit fats, and exercise.

33. They might want to show the world that they know about the 'better things in life.'

34. One study shows that many fast food eaters have a lot in common with one another, but they are very different from vegetarians.

35. I think I need to find a new doctor.

36. I know you did not leave me because you doubted.

37. Perhaps their pride is like that of the fox who had lost his tail.

38. Nevertheless he saw that all is vanity, even wisdom.

정답

1. 늦을까 걱정돼요 (afraid와 we 사이에 종속접속사 that이 생략되어 있다)
2. 늦어서 미안합니다 (sorry와 I 사이에 종속접속사 that이 생략되어 있다)
3. 이렇게 들러주셔서 기뻐요 (glad와 you 사이에 종속접속사 that이 생략되어있다)
4. 미안하지만 못 도와드릴 것 같군요 (afraid와 I 사이에 종속접속사 that이 생략되어있다)
5. 이렇게 늦은 시각에 전화해서 죄송해요 (sorry와 I 사이에 종속접속사 that이 생략되어 있다)
6. 다시 생각해봐야겠다고 나는 말했다. (said와 I 사이에 종속접속사 that이 생략되어 있다)
7. 그게 무슨 뜻이죠? (that은 지시대명사)

8. 다시 말씀해주실래요? (that은 지시대명사)
9. 다시 말씀해주실래요? (that은 지시대명사)
10. 아니, 놀라운 일이! 당신이 여기에 있는 줄 몰랐어요 (know와 you 사이에 종속접속사 that이 생략되어 있다)
11. 그렇게 말하는건 당연하죠 (that은 지시대명사)
12. 어제 수잔을 만났다고 들었어요 (heard와 you 사이에 종속접속사 that이 생략되어 있다)
13. 발목을 삔 것 같아요 (think와 I 사이에 종속접속사 that이 생략되어 있다)
14. 내 친구는 부지런한 것 같아요 (that은 종속접속사로서 think의 목적어이다. that이하는 명사절이다)
15. 난 그녀가 행복하다고 생각한다 (think와 she 사이에 종속접속사 that이 생략되어 있다)
16. 그날 아침은 추웠다 (that은 morning을 수식하는 지시형용사)
17. 그는 공부하러 학교에 간다고 말한다 (that은 종속접속사이며 says의 목적어로서 명사절을 이끈다)
18. 행복해죽겠다고 그녀는 말했다 (that은 종속접속사로서 said의 목적어가 되는 명사절을 이끈다)
19. 그는 나에게 저 책을 주었다고 말했다 (앞의 that은 종속접속사이며 뒤의 that은 지시형용사)
20. 이것은 내가 가진 책 중 가장 좋은 책이다 (that은 관계대명사)
21. 내가 앉을 의자 좀 주세요 (chair와 I 사이에 관계대명사 that이 생략되어 있다)
22. 그는 내가 만났던 사람 중에서 가장 총명한 사람이다 (that은 관계대명사)
23. 그는 에베레스트 정상을 올라간 최초의 한국인이다 (that은 관계대명사)
24. 그녀는 어머니가 주신 돈을 전부 다 써버렸다 (money와 her 사이에 관계대명사 that이 생략되어 있다)
25. 그녀는 신학을 공부하기 위하여 독일에 갔다 (so that+주어+may 구문)
26. 그는 너무 나이 들어서 후지산에 올라갈 수가 없다 (so + 형용사 + that + 주어 + can 구문)
27. 그는 매우 친절해서 우리에게 개봉지하철역으로 가는 길을 말해주었다 (so + 형용사 + that + ...구문)
28. 자연지역들은 오락을 위해 있다고 나는 믿는다 (that은 종속접속사)
29. 자연이 나를 좋아하지 않는다는 것을 나는 안다 (that은 종속접속사)
30. 전형적인 미국인의 다이어트는 패스트 푸드, 즉 햄버거, 핫도그, 후렌치후라이드, 피자, 후라이드치킨 등으로 구성돼 있다고 생각하는 사람들이 많다 (that은 종속접속사)
31. 우리가 어떻게 해서 저 균형을 성취하나요? (that은 balance를 수식하는 지시형용사)
32. 우리는 다양한 자원에서 음식을 고르고, 먹는 양을 조절하고 지방을 제한하며 운동을 할 수 있다. (that은 관계대명사)

33. 그들은 '인생의 더 좋은 것'에 대하여 알고 있는 세상을 보여주고 싶어할 지도 모른다 (that은 관계대명사)
34. 어느 연구는 패스트푸드를 많이 먹는 사람들은 서로가 공통점이 많지만 채식주의자와는 매우 다르다는 것을 보여준다 (that은 종속접속사)
35. 새 의사를 찾아야한다고 생각해요 (think와 I 사이에 종속접속사 that이 생략되어 있다)
36. 네가 의심해서 나를 떠난 것이 아니라는 것을 나는 안다 (know 와 you 사이에 종속접속사 that이 생략되어 있다)
(네가 내 곁을 떠난 것은 나를 못 믿어서가 아니라는 것을 나는 안다)
37. 아마 그들의 자랑은 꼬리를 잃어버린 여우의 자랑과 같을 것이다 (that은 pride를 가리키는 지시대명사)
38. 그럼에도 불구하고 그는 모든 것이 허무하다는 것, 지혜까지도 허무하다는 것을 알았다 (that은 종속접속사로서 명사절을 이끈다)

Chapter 2

분사의 정체를 파악하자

POINT

◈ 현재분사(-ing)가 쓰인 문장
◈ 과거분사(p.p.)가 쓰인 문장
◈ 분사구문의 부대상황(=동시상황)이 쓰인 문장
◈ 분사구문이 쓰인 문장
◈ with + 목적어 + -ing (또는 p.p.)(또는 부사구/전치사구)가 쓰인 문장

01 현재분사를 사용한 문장

중요포인트

형태: 1. 현재분사(..ing) + 명사 (명사를 수식한다) (제한적 용법)

a sleeping baby (잠자는 아기)

2. S+V+O+현재분사(...ing) (목적어를 설명한다) (서술적 용법)

He saw his papa cooking in the kitchen

(그는 그의 아빠가 부엌에서 요리하는 것을 보았다)

(아빠가 요리함)

제한적 용법의 현재분사가 쓰인 문장

1 When he arrived at the other side in the region of the Gadarenes, two demon-possessed men coming from the tombs met him. (마8:28)

직역

그가 가다린이라는 지역의 다른 쪽에 도착했을 때 무덤에서 온 두 명의 귀신들린 자가 그를 만났다.

핵심구조

주어 two-possessed men + 현재분사 coming

단어 및 숙어의 확장

형용사 demon-possessed 마귀에 사로잡힌

명 사 tomb 무덤

참고 • coming from the tombs는 men을 수식한다. 제한적 용법이다.

의역

또 예수께서 건너편 가다라 지방에 가시매 귀신 들린 자 둘이 무덤 사이에서 나와 예수를 만나니.

2 Some men brought to him a paralytic lying on a mat. (마9:2)

직역

어떤 사람들은 그에게 매트에 누워있는 중풍환자를 데려왔다.

핵 심 구 조

목적어 a paralytic + 현재분사 lying

단어 및 숙어의 확장

명 사 paralytic 중풍환자

참고 • lying on a mat는 a paralytic을 수식한다. 제한적 용법이다.

의역

침상에 누운 중풍병자를 사람들이 데리고 오거늘.

3 Those tending the pigs ran off, went into the town and reported all this. (마8:33)

직역

돼지를 돌보는 사람들이 뛰어다니다가 도시로 들어가서 이 모든 것을 보고하였다.

핵 심 구 조

주어 Those + 현재분사 tending

단어 및 숙어의 확장

동 사 tend (가축을) 돌보다, 지키다

참고 • Those다음에는 people이 생략되어 있다. tending the pigs는 Those people을 수식한다. 제한적 용법이다.

의역

치던 자들이 달아나 시내에 들어가 이 모든 일과 귀신 들린 자의 일을 고하니.

4 To what can I compare this generation? They are like children sitting in the marketplaces and calling out to others: (마11:16)

직역

이 세대를 무엇에 비유할 수 있을까? 그들은 장터에 앉아서 다른 사람들에게 소리치는 아이들과 같다.

핵심구조

명사 children + 현재분사 sitting / calling

단어 및 숙어의 확장

동사 compare 비교하다 / call out 외치다

명사 generation 세대

참고 • sitting과 calling은 현재분사로서 children을 수식한다. 제한적 용법이다.

의역

이 세대를 무엇으로 비유할꼬 비유컨대 아이들이 장터에 앉아 제 동무를 불러.

5 ...the people living in darkness have seen a great light; on those living in the land of the shadow of death, a light has dawned. (마4:16)

직역

어둠 속에서 살고 있는 사람들은 커다란 빛을 보았다; 죽음의 그림자가 드리운 땅에서 살고 있는 사람들에게 빛이 나타나기 시작했다.

핵심구조

주어 people + 현재분사 living

단어 및 숙어의 확장

동사 dawn 나타나기 시작하다
명사 dawn 새벽

참고
- 앞의 living은 people을 수식하는 현재분사/ 뒤의 living은 those를 수식하는 현재분사이다. 제한적 용법이다.

의역

흑암에 앉은 백성이 큰 빛을 보았고 사망의 땅과 그늘에 앉은 자들에게 빛이 비취었도다.

6 Again, the kingdom of heaven is like a merchant looking for fine pearls. (마13:45)

직역

다시 말하면, 천국이란 멋진 진주를 찾는 상인과 같다.

핵심구조

명사 merchant + 현재분사 looking

단어 및 숙어의 확장

명사 pearl 진주

참고 • looking은 merchant를 수식하는 현재분사이다. 제한적 용법이다.

의역

또 천국은 마치 좋은 진주를 구하는 장사와 같으니.

7 Again, it will be like a man going on a journey, who called his servants and entrusted his property to them. (마25:14)

직역

다시 말하면, 그것은 여행을 가는 사람과 같을 것이다. 왜냐하면 그가 하인들을 불러서 그의 재산을 그들에게 위탁하기 때문이었다.

핵심구조

명사 a man + 현재분사 going

단어 및 숙어의 확장

동사 entrust 위탁하다, 맡기다, 위임하다

명사 property 재산

참고
- going은 man을 수식하는 제한적 용법의 현재분사이다.
- ,who는 계속적 용법으로서 for he로 바꿀 수 있다.

의역

또 어떤 사람이 타국에 갈 제 그 종들을 불러 자기 소유를 맡김과 같으니.

8 After a little while, those standing there went up to Peter and said, "Surely you are one of them, for your accent gives you away." (마26:73)

직역

잠시 후에 거기에 서 있던 사람들이 베드로에게 가서 말하였다, "틀림없이 당신은 그들 중의 한 명이오, 왜냐하면 당신의 말의 강세가 드러내주기 때문이오."

핵심구조

주어 those + 현재분사 standing

단어 및 숙어의 확장

숙 어 after a little while 잠시 후에 / give away 들춰내다, 폭로하다

참고
- standing은 those를 수식하는 제한적 용법의 현재분사이다.
- those 다음에는 people이 생략되어 있다.

의역

조금 후에 곁에 섰던 사람들이 나아와 베드로에게 이르되 너도 진실로 그 당이라 네 말소리가 너를 표명한다 하거늘.

9 When some of those standing there heard this, they said, "He's calling Elijah." (마27:47)

직역

거기에 서 있는 몇 명의 사람들이 이 말을 들었을 때 그들은 말했다, "그는 엘리야를 부르고 있다."

핵심구조

주어 some of those + 현재분사 standing

참고
- standing은 those (people)를 수식하는 제한적 용법의 현재분사이다.
- those다음에는 people이 생략되어 있다.

의역

거기 섰던 자 중 어떤 이들이 듣고 가로되 이 사람이 엘리야를 부른다 하고.

서술적 용법의 현재분사가 쓰인 문장

1 When Jesus came into Peter's house, he saw Peter's mother-in-law lying in bed with a fever. (마8:14)

직역

베드로의 집에 들어가셨을 때 예수님은 베드로의 장모가 열병을 앓은 채 침대에 누워있는 것을 보셨다.

핵심구조

주어 he + 동사 saw + 목적어 Peter's mother-in-law + 현재분사 lying

단어 및 숙어의 확장

명 사 fever 열기, 열, 열병, 열중, 열광

참고
- lying의 원형은 lie (자동사)로서 '눕다'의 뜻이다. 여기에서는 '베드로의 장모가 열병으로 침대에 누워 있는 것을 예수님이 보셨다. lying은 서술적 용법으로서 목적보어로 쓰였다.

의역

예수께서 베드로의 집에 들어가사 그의 장모가 열병으로 앓아 누운 것을 보시고.

2 As Jesus went on from there, he saw a man named Matthew sitting at the tax collector's booth. (마9:9)

직역

거기로부터 계속 갔을 때 예수님은 마태라는 이름을 가진 남자가 세금징수대에 앉아 있는 것을 보았다.

핵심구조

주어 he + 동사 saw + 목적어 a man + 현재분사 sitting

단어 및 숙어의 확장

명 사 tax collector 세금 징수자

참고
- sitting은 서술적 용법으로서 Matthew의 목적보어로 쓰였다.
- a man과 named 사이에 주격관계대명사와 be동사, 즉 who was 또는 that was가 생략되어 있다.

의역

예수께서 거기서 떠나 지나가시다가 마태라 하는 사람이 세관에 앉은 것을 보시고.

3 John came neither eating nor drinking, and they say, "He has a demon."
The Son of Man came eating and drinking, and they say, "Here is a glutton and a drunkard, a friend of tax collectors and sinners." (마11:18-19)

직역

요한은 먹지도 않고 마시지도 않으면서 왔다. 사람들은 "그에게 마귀가 있다"고 하였다. 인자는 먹기도 하고 마시기도 하면서 왔다. 사람들은 "여기 탐식가이면서 동시에 주정뱅이가 있도다, 그는 세금징수자와 죄인들의 친구이다"고 말한다.

핵심구조

주어 { John / The Son of Man } + 동사 came + 주격보어 eating / drinking

단어 및 숙어의 확장

명 사 glutton 대식가 (大食家) / drunkard 술고래

참고 • eating과 drinking은 came의 주격보어로 쓰였다. 서술적 용법이다.

의역

요한이 와서 먹지도 않고 마시지도 아니하며 저희가 말하기를 귀신이 들렸다 하더니 인자는 와서 먹고 마시매 말하기를 보라 먹기를 탐하고 포도주를 즐기는 사람이요 세리와 죄인의 친구로다 하니.

4 When an evil spirit comes out of a man, it goes through arid places seeking rest and does not find it. (마12:43)

직역

악령이 인간에서 나오면 그 악령은 편한 곳을 찾으면서 불모지를 통과하여 지나며 찾지 못한다.

핵심구조

주어 it + 동사 goes + 현재분사 seeking

단어 및 숙어의 확장

형용사 arid 건조한, 무미건조한, 불모의

참고 • seeking은 주격보어의 역할을 한다. 서술적 용법이다.

의역

더러운 귀신이 사람에게서 나갔을 때에 물 없는 곳으로 다니며 쉬기를 구하되 얻지 못하고.

5 When the disciples saw him walking on the lake, they were terrified. (마14:26)

직역

예수님이 호수 위를 걸으시는 것을 보았을 때 제자들은 겁이 났다.

핵심구조

주어 the disciples + 동사 saw + 목적어 him + 현재분사 walking

단어 및 숙어의 확장

동사 terrify 무섭게 하다

참고 • see+목적어+현재분사로 현재분사는 목적보어가 된다. 서술적 용법이다.

의역

제자들이 그 바다 위로 걸어오심을 보고 놀라 유령이라 하며 무서워하여 소리지르거늘.

6 The people were amazed when they saw the mute speaking, the crippled made well, the lame walking and the blind seeing. (마15:31)

직역

벙어리가 말을 하고, 불구자가 똑바로 되고, 절름발이가 걸으며 눈먼 자들이 눈뜨는 것을 보았을 때 사람들은 깜짝 놀랐다.

핵심구조

주어 they + 동사 saw + 목적어 the mute/ the lame/ the blind + 현재분사 speaking / walking / seeing

단어 및 숙어의 확장

[the+형용사=복수보통명사][the mute 벙어리들 / the crippled 불구자들 / the lame절름발이들 / the blind 눈이 먼 자들]

참고

• 현재분사 speaking과 walking과 seeing은 when이하의 부사절에서 목적보어로 쓰였다. 서술적 용법이다.

의역

벙어리가 말하고 불구자가 건전하고 절뚝발이가 걸으며 소경이 보는 것을 무리가 보고 기이히 여겨.

7 About the third hour he went out and saw others standing in the marketplace doing nothing. (마20:3)

직역

제 삼시에 그는 밖에 나가서 다른 사람들이 아무 것도 하지 않은 채 시장에서 서 있는 것을 보았다.

핵심구조

주어 he + 동사 saw + 목적어 others + 현재분사 standing/ doing

참고
- see+목적어+현재분사로 되어있다. doing 앞에는 with가 생략되어 있다고 볼 수 있다.
- 서술적 용법이다.

의역

제 삼시에 나가 보니 장터에 놀고 섰는 사람들이 또 있느니라.

8 About the eleventh hour he went out and found still others <u>standing</u> around. (마20:6)

직역

11시경에 그는 나갔고 아직도 다른 사람들이 주변에 서 있는 것을 알았다.

핵심구조

주어 he + 동사 found + 목적어 others + 현재분사 standing

참고
- standing은 목적보어로 쓰였다. 서술적 용법이다.

의역

제십일시에도 나가 보니 그 사람들이 또 있는지라.

9 When the chief priests and the teachers of the law saw the wonderful things ✓ he did and the children shouting in the temple area, "Hosanna to the Son of David," they were indignant. (마21:15)

직역

대제사장들과 율법학자들이 예수님이 했던 놀라운 일들을 보고 "호산나 다윗의 자손이여"라고 성전에서 아이들이 외치는 것을 보자, 분개하였다.

핵심구조

주어 + 동사 saw + 목적어 the children + 현재분사 shouting

단어 및 숙어의 확장

형용사 indignant 분개한, 성난

참고

- shouting은 the children을 설명해주는 서술적 용법의 분사이다.
- things와 he 사이에 목적격관계대명사 that이나 which가 생략되어 있다. (p.134 참고)

의역

대제사장들과 서기관들이 예수의 하시는 이상한 일과 또 성전에서 소리 질러 호산나 다윗의 자손이여 하는 아이들을 보고 분하여.

10 So when you see standing in the holy place 'the abomination that causes desolation,' spoken of through the prophet Daniel — let the reader understand — then let those who are in Judea flee to the mountains. (마24:15-16)

직역

그래서 너희가 거룩한 장소에 서서 예언자 다니엘을 통해서 말 되어진 '황폐함을 야기시키는 혐오감'을 보게 되면 (독자를 이해시켜라) — 유대에 있는 사람들로 하여금 산으로 도망치게 하라.

핵심구조

주어 you + 현재분사 standing + 목적어 'the abomination that causes desolation,'

단어 및 숙어의 확장

명 사 abomination 혐오, 가증한 일 / desolation 황폐, 황량, 폐허

동 사 abominate 혐오하다 / flee 도망가다

참고

- when이하의 부사절에서 see의 목적어는 'the abomination that causes desolation,' spoken of through the prophet Daniel이다. standing은 주어 you를 보충 설명하는 주격보어이다. 서술적 용법이다.
- that은 주격관계대명사로서 선행사는 abomination이다.
- let은 사역동사로서 flee의 앞에 to가 없다.

의역

그러므로 너희가 선지자 다니엘의 말한바 멸망의 가증한 것이 거룩한 곳에 선 곳을 보거든 (읽는 자는 깨달을찐저) 그 때에 유대에 있는 자들은 산으로 도망할찌어다.

11 They will see the Son of Man coming on the clouds of the sky with power and great glory. (마24:30)

직역

그들은 인자가 매우 힘 있고 매우 영광스럽게 하늘의 구름 위에서 오는 것을 보게 될 것이다.

핵심구조

주어 they + 동사 see + 목적어 the Son of Man + 현재분사 coming

단어 및 숙어의 확장

[전치사+추상명사=부사구]
with power=powerfully=힘 있게 /
with great glory=very gloriously=매우 영광스럽게

참고
- coming 서술적 용법의 현재분사로서 목적어 the Son of Man을 설명해주는 목적보어이다.

의역

그들이 인자가 구름을 타고 능력과 큰 영광으로 오는 것을 보리라.

12 It will be good for that servant whose master finds him doing so when he returns. (마24:46)

직역

주인이 돌아왔을 때에 하인이 그렇게 하는 것을 본다면 그 하인에게는 좋을 것이다.

핵심구조

주어 master + 동사 finds + 목적어 him + 현재분사 doing

참고
- 현재분사 doing은 서술적 용법으로서 목적어 him을 설명해주는 목적보어이다.
- that은 servant를 수식하는 지시형용사이다. (p.29 참고)

의역

주인이 올 때에 그 종의 이렇게 하는 것을 보면 그 종이 복이 있으리로다.

13 Then he returned to his disciples and found them <u>sleeping</u>. (마26:40)

직역

그때 그는 제자들에게 돌아와서 그들이 잠자고 있는 것을 발견했다.

핵심구조

주어 he + 동사 found + 목적어 them + 현재분사 sleeping

참고
- sleeping은 서술적으로 쓰인 현재분사로서 목적어를 설명하는 목적보어이다.

의역

제자들에게 오사 그 자는 것을 보시고.

14 Every day I sat in the temple courts teaching, and you did not arrest me. (마26:55)

직역

날마다 나는 성전에 앉아서 가르쳤고 너희는 나를 체포하지 않았다.

핵심구조

주어 I + 동사 sat + 현재분사 teaching

단어 및 숙어의 확장

동사 arrest 체포하다

참고 • teaching은 서술적으로 쓰인 현재분사로 주어를 설명하는 주격보어이다.

의역

내가 날마다 성전에 앉아 가르쳤으되 너희가 나를 잡지 아니하였도다.

15 In the future you will see the Son of Man sitting at the right hand of the Mighty One and coming on the clouds of heaven. (마26:64)

직역

장차 너희는 사람의 아들이 전지전능하신 이의 오른편에 앉으시고 천상의 구름 위에 서 계시는 것을 보게 될 것이다.

핵 심 구 조

주어 you + 동사 will see + 목적어 the Son of Man +
현재분사 sitting / coming

참고

• sitting과 coming은 서술적 현재분사로서 목적어 the Son of Man을 설명해준다.

의역

이후에 인자가 권능의 우편에 앉은 것과 하늘 구름을 타고 오는 것을 너희가 보리라.

연 | 습 | 문 | 제

다음 문장을 우리말로 옮기고 현재분사의 역할을 설명하시오.

1. Look at the <u>crying</u> child.
2. She loves her baby <u>sleeping</u> on the bed.
3. He came <u>running</u> here.
4. I saw her <u>reading</u> the Bible.
5. He made his son <u>cleaning</u> his car.
6. I looked back and saw her <u>standing</u> on the steps.
7. I felt something <u>dripping</u>.
8. He went out and I heard him <u>laughing</u> in the hall.
9. He came in <u>holding</u> his cap and stood by the bed.
10. We were alone in the club <u>sitting</u> back in one of the big leather sofas.

정답

1. 울고 있는 저 어린이를 보아라. (crying은 child를 수식하는 제한적 용법)
2. 그녀는 침대 위에서 자고 있는 그녀의 아기를 사랑한다.
   (sleeping은 baby를 수식하는 제한적 용법)
3. 그는 이곳에 뛰어서 왔다.
   (running은 주격보어로서 주어를 보충설명한다. 서술적 용법)
4. 나는 그녀가 성경을 읽는 것을 보았다.
   (reading은 목적어 her를 보충설명하는 목적격 보어로서 서술적 용법)
5. 그는 그의 아들에게 세차하도록 시켰다.
   (cleaning은 목적어 his son을 보충설명하는 목적격 보어로서 서술적 용법)
6. 뒤를 돌았더니 그녀가 계단 위에 서 있는 것이 보였다.
   (standing은 목적어 her를 보충설명하는 목적격 보어로서 서술적 용법)
7. 나는 무엇인가 똑똑 떨어지는 것을 느꼈다.
   (dripping은 목적어 something을 보충설명하는 목적격 보어로서 서술적 용법)
8. 그는 밖으로 나갔고 나는 그가 홀에서 크게 웃는 소리를 들었다.
   (laughing은 목적어 him을 보충설명하는 목적격 보어로서 서술적 용법)
9. 그는 모자를 손에 들고 와서 침대 옆에 섰다.
   (holding은 주어 he를 보충설명하는 주격보어로서 서술적 용법)
10. 우리는 커다란 가죽소파 중 한 군데에 뒤로 앉아서 클럽에서 홀로 있었다.
    (sitting은 주어 we를 보충설명하는 주격보어로서 서술적 용법)

02 과거분사(p.p.)가 쓰인 문장

중요포인트

형태:

① I have a digital camera <u>made</u> in Japan.
(나는 일본에서 만든 디카를 가지고 있다)

② He received an email <u>written</u> in English.
(그는 영어로 쓰인 이메일을 받았다)

③ The little dog has a nickname <u>called</u> 'ttoja.')
(그 어린 강아지에게는 '또자'라는 별명이 있다)

*①을 두 문장으로 나누면 I have a digital camera. / It is made in Japan. 이 된다. 이 때 a digital camera와 It은 같은 뜻이므로 두 문장을 연결시켜주는 관계대명사 that이나 which를 It 대신에 써준다.

I have a digital camera <u>that</u> is made in Japan.

위 문장을 자세히 보면, 관계대명사 that 다음에 동사가 왔으므로 관계대명사 that은 주격이다. 주격관계대명사와 그 다음에 오는 be동사는 생략이 가능하다.

(주격관계대명사 + be동사)는 통째로 생략가능 !

따라서 I have a digital camera made in Japan이 된다.

②와 ③의 문장에서도 email (which was), nickname (that is)가 된다.

1 He went and lived in a town ✓ called Nazareth. (마2:23)

나사렛에 있는 예수수태통지교회

직역

그는 가서 나자렛이라고 불리는 도시에서 살았다.

핵심구조

...명사 town + called...

참고

- called 앞에 주격관계대명사 which 또는 that과 be동사 was가 생략되어 있다.
- called는 town을 수식한다.

의역

나자렛이란 동네에 와서 사니.

2 As Jesus was walking beside the Sea of Galilee, he saw two brothers, Simon ✓ called Peter and his brother Andrew. (마4:18)

갈릴리바다

직역

갈릴리 바다 옆에서 걷고 있을 때에 예수님은 베드로라고 불리는 시몬과 그의 형제 안드레를 만났다.

핵심구조

...명사 Simon + called...

참고
- called와 Peter사이에 주격관계대명사와 be동사, 즉 who was 또는 that was가 생략되어 있다.
- called는 Simon을 수식한다.

의역

갈릴리 해변에 다니시다가 두 형제 곧 베드로라 하는 시몬과 그 형제 안드레가 바다에 그물 던지는 것을 보시니.

3 As Jesus went on from there, he saw a man ✓ <u>named</u> Matthew sitting at the tax collector's booth. (마9:9)

직역

거기로부터 계속 갔을 때 예수님은 마태라는 이름을 가진 남자가 세금징수대에 앉아 있는 것을 보았다.

핵심구조

...명사 a man + named...

참고

- a man과 named 사이에 주격관계대명사와 be동사, 즉 who was 또는 that was가 생략되어 있다.
- named는 a man을 수식한다.

의역

예수께서 거기서 떠나 지나가시다가 마태라 하는 사람이 세관에 앉은 것을 보시고.

4 "Lord," he said, "my servant lies at home ✓ <u>paralyzed</u> and in terrible suffering." (마8:6)

직역

그가 말했다. "주님, 저의 종이 집에서 몸이 마비된 채 끔찍한 고통 중에 누워있습니다."

핵 심 구 조

...명사 home + paralyzed...

단어 및 숙어의 확장

동 사 paralyze 마비되다

참고 • paralyzed는 이 문장에서 주격보어가 된다.

의역

가로되 주여 내 하인이 중풍병으로 집에 누워 몹시 괴로워하나이다.

5 There is nothing ✓ concealed that will not be disclosed, or ✓ hidden that will not be made known. (마10:26)

직역

드러나지 않을 숨겨진 것은 아무 것도 없고 알려지지 않을 숨겨진 것은 아무 것도 없다.

핵 심 구 조

...명사 nothing + concealed....

단어 및 숙어의 확장

동 사 conceal 숨기다 / disclose 드러내다

참고
- concealed와 hidden의 앞에는 각각 which is가 생략되어 있다.
- concealed와 hidden은 과거분사로서 nothing을 수식한다.

의역

그런즉 저희를 두려워하지 말라 감추인 것이 드러나지 않을 것이 없고 숨은 것이 알려지지 않을 것이 없느니라.

6 If not, what did you go out to see? A man ✓ dressed in fine clothes? (마11:8)

직역

그렇지 않다면 너희들은 나가서 무엇을 보았느냐? 멋진 옷을 입은 사람을 봤느냐?

핵심구조

...명사 a man + dressed...

참고
- dressed 바로 앞에 주격관계대명사 who 와 was가 생략되어 있다.
- dressed는 a man을 수식한다.

의역

그러면 너희가 무엇을 보려고 나갔더냐 부드러운 옷 입은 사람이냐?

7 Among those ✓ born of women there has not risen anyone greater than John the Baptist. (마11:11)

직역

여자에게서 태어난 자들 중에서 세례자 요한보다도 더 위대한 자는 없었다.

핵심구조

...명사 those + born...

참고
- born 바로 앞에는 주격관계대명사 who와 were가 생략되어 있다.
- born은 those를 수식한다.

의역

여자가 나은 자 중에 세례 요한보다 큰 이가 일어남이 없도다.

8 Every kingdom ✓ divided against itself will be ruined, and every city or household ✓ divided against itself will not stand. (마12:25)

직역

그 자체에 대항하여 분열된 모든 왕국은 멸망할 것이며, 그 자체에 대항하여 분열된 모든 도시나 집안은 바로 서지 못할 것이다.

핵심구조

...명사 household + divided....

단어 및 숙어의 확장

명 사 household 가족, 세대

참고
- divided 바로 앞에 관계대명사 that과 is가 생략되어 있다.
- divided는 kingdom과 city or household를 수식한다.

의역

스스로 분쟁하는 나라마다 황폐하여질 것이요 스스로 분쟁하는 동네나 집마다 서지 못하리라.

9 The good man brings good things out of the good ✓ stored up in him, and the evil man brings evil things out of the evil ✓ stored up in him. (마12:35)

직역

선한 사람은 자신의 내부에 저장해놓았던 좋은 것들로부터 좋은 것들을 가져오지만 악한 사람은 자신의 내부에 저장해놓았던 악으로부터 악한 것들을 가져온다.

핵심구조

...명사 the good + stored..../ 명사 the evil + stored...

단어 및 숙어의 확장

동 사 store (up) 저축하다, 저장하다

참고
- stored 바로 앞에는 주격관계대명사 that이나 which와 are가 생략되어 있다.
- stored는 the good과 the evil을 수식한다.

의역

선한 사람은 그 쌓은 선에서 선한 것을 내고 악한 사람은 그 쌓은 악에서 악한 것을 내느니라.

10 This is the seed ✓sown along the path. (마13:19)

직역

이것이 길을 따라 뿌려진 씨앗이다.

성경해설 길이 매우 단단해서 하나님께서 구원의 가능성을 주셨음에도 불구하고 그 마음이 길의 땅처럼 매우 단단하고 악하여 전혀 받아들일 여지를 갖지 못한다. 실제로 하나님은 이 세상 모든 사람들을 구원에 초대하고 있지만 세상사람들은 그 초대에 전혀 반응이 없다.

핵심구조

...명사 the seed + sown...

단어 및 숙어의 확장

명사 seed 씨앗

동사 sow 씨앗을 뿌리다 sow-sowed-sown

참고

- seed와 along사이에 which 또는 that과 was가 생략되어 있다.
- sown은 the seed를 수식한다.

의역

이는 길가에 뿌리운 자요.

11 I will open my mouth in parables, I will utter things ✓ hidden since the creation of the world. (마13:35)

직역

나는 우화로 나의 입을 열 것이며, 나는 세계창조 이래로 숨겨진 것들을 말할 것이다.

핵심구조

...명사 things + hidden...

단어 및 숙어의 확장

명사 parable 우화, 비유

동사 utter 발언하다, 말하다, 공표하다

참고
- things와 hidden 사이에 which 또는 that 그리고 are가 생략되어 있다.
- hidden은 things를 수식한다.

의역

내가 입을 열어 비유로 말하고 창세부터 감추인 것들을 드러내리라.

12 The Parable of the Weeds ✓ Explained

직역

설명된 잡초의 우화.

핵심구조

...명사 weeds + explained

참고
• weeds와 explained 사이에 which(that)와 are가 생략되어 있다.
• explained는 the parables of the weeds를 수식한다.

의역

가라지의 비유.

13 John the Baptist ✓ Beheaded

직역

참수(斬首)된 세례자 요한

핵심구조

...명사 baptist + beheaded

단어 및 숙어의 확장

동 사 behead 목을 베다, 참수하다

참고
• baptist와 beheaded 사이에 who (that)와 is가 생략되어 있다.
• beheaded는 John the Baptist를 수식한다.

의역

세례 요한이 목베임 당하다.

14 The kingdom of heaven is like treasure ✓ hidden in a field. (마13:44)

직역

천국은 들판에 숨겨진 보물과 같다.

핵심구조

...명사 treasure + hidden...

단어 및 숙어의 확장

명 사 treasure 보배, 금은보물, 귀중품, 재화, 재산, 부

참고
- treasure와 hidden 사이에 which (that) is가 생략되어 있다.
- hidden은 treasure를 수식한다.

의역

천국은 마치 밭에 감추인 보화와 같으니.

15 But you say that if a man says to his father or mother, 'Whatever help you might otherwise have received from me is a gift ✓ devoted to God,' he is not to 'honor his father with it. (마15:5-6)

직역

그러나 너는 말한다. 만약 어떤 사람이 그의 아버지나 어머니에게 '나로부터 도움 받은 것이 있었다면 무엇이든지 하나님께 바쳐야 될 선물입니다"라고 말한다면, 그는 그 말로써 그의 아버지를 영예롭게 하지 못한다.

핵심구조

...명사 a gift + devoted...

단어 및 숙어의 확장

부사 otherwise 그렇지는 않고, 만약 그렇지 않으면, 딴 방법으로

동사 honor 존경하다, ..에게 경의를 표하다, ..에게 명예를 주다

참고
- 종속접속사 that은 say의 목적어로서 명사절을 이끈다. (pp.53-54 참고)
- devoted 앞에 주격관계대명사 which (that)와 be동사 is가 생략되어 있다.
- devoted는 gift를 수식한다.

의역

너희는 가로되 누구든지 아비에게나 어미에게 말하기를 내가 드려 유익하게 할 것이 하나님께 드림이 되었다고 하기만 하면 그 부모를 공경할 것이 없다하여 너희 유전(遺傳)으로 하나님의 말씀을 폐하는도다.

16 They worship me in vain; their teachings are but rules ✓ taught by men. (마15:9)

직역

그들은 나를 섬기지만 헛된 일이다; 그들의 가르침은 사람들이 가르친 규율에 불과하다.

핵심구조

...명사 rules + taught....

단어 및 숙어의 확장

숙 어 in vain 헛되이

예) Do not use the name of God in vain. (하나님의 이름을 남용하지 말라)

참고

- rules와 taught 사이에 주격관계대명사 which (that)와 be동사 are가 생략되어 있다.
- taught는 rules를 수식한다.

의역

사람의 계명으로 교훈을 삼아 가르치니 나를 헛되이 경배하는도다.

17 Then they understood that he was not telling them to guard against the yeast ✓ used in bread, but against the teaching of the Pharisees and Sadducees. (마16:12)

직역

그리하여 그들은 그가 빵에 사용된 이스트로부터 보호하라는 것이 아니라 바리새인들과 사두개인들의 가르침으로부터 보호하라는 것임을 이해하였다.

핵심구조

...명사 yeast + used...

단어 및 숙어의 확장

명 사 yeast 이스트, 효모, 누룩

동 사 guard 보호하다, 지키다 (from, against), 감시하다, 망보다

참고

- yeast와 used 사이에는 which (that) was가 생략되어 있다.
- 종속접속사 that은 understood의 목적어로서 명사절을 이끈다. (pp.56-57 참고)

의역

그제야 제자들이 떡의 누룩이 아니요 바리새인과 사두개인들의 교훈을 삼가라고 말씀하신 줄을 깨달으니라.

18 Call the workers and pay them their wages beginning with the last ones ✓ hired and going on to the first. (마20:8)

직역

일하는 자들을 불러서 마지막에 고용된 사람부터 시작해서 처음 고용된 사람까지 그들의 봉급을 지불하라.

핵심구조

...명사 last ones + hired...

단어 및 숙어의 확장

명 사 wage 보통 복수로 쓰임(wages) 임금, 급료(시간급, 일급, 주급)

① 정신보다 육체노동에 대한 하루 또는 한 주일의 임금

② (죄의) 응보, 보상

예) 죄의 삯은 사망이요(롬6:23): The wages of sin is death.

참고

- ones와 hired 사이에 주격관계대명사 that와 be동사 are가 생략되어 있다.
- hired는 ones를 수식한다.

의역

품군들을 불러 나중 논 자로부터 시작하여 먼저 온 자까지 삯을 주라.

19 The Authority of Jesus ✓ Questioned (마21:22)

직역

질문을 받은 예수님의 권위.

핵심구조

...명사 the authority of Jesus + questioned

단어 및 숙어의 확장

명사 authority 권위, 권력, 위신, 권능, 직권

참고

- Jesus와 Questioned 사이에 주격관계대명사 that와 be동사 is가 생략되어 있다.
- Questioned는 The Authority of Jesus를 수식한다.

의역

예수의 권위에 대한 질문

20 Show me the coin ✓ used for paying the tax. (마22:19)

직역

세금지불을 위해서 사용된 동전을 내게 보여다오.

핵 심 구 조

...명사 coin + used...

참고

- coin과 used 사이에 주격관계대명사 that 또는 which와 be동사 was가 생략되어 있다.
- used는 coins를 수식한다.

의역

셋돈을 내게 보이라.

21 O Jerusalem, Jerusalem, you who kill the prophets and stone those ✓ sent to you, how often I have longed to gather your children together, as a hen gathers her chicks under her wings, but you were not willing. (마23:37)

눈물교회

직역

오 예루살렘아, 예루살렘아, 너는 예언자들을 죽이고 너에게 보내진 예언자들을 돌로 쳐서 죽인다, 얼마나 자주 내가 너희 자녀들을 함께 모르려고 애써왔던가, 마치 암탉이 날개 아래로 병아리들을 모으려고 하는 듯이. 그러나 너희들은 그러려고 하지 않았다.

핵심구조

...명사 those + sent...

단어 및 숙어의 확장

숙어 long to=...하기를 갈망하다

명사 chicks 병아리

참고
- those와 sent 사이에 주격관계대명사 that과 be동사 were가 생략되어 있다.
- sent는 those를 수식한다.

의역

예루살렘아 예루살렘아 선지자들을 죽이고 네게 파송된 자들을 돌로 치는 자여 암탉이 그 새끼를 날개 아래 모음같이 내가 네 자녀를 모으려 한 일이 몇 번이냐 그러나 너희가 원치 아니하였도다.

22 Depart from me, you who are cursed, into the eternal fire ✓ prepared for the devil and his angels. (마25:41)

직역

저주받은 너희들은 나를 떠나서 악마와 그의 천사들을 위해서 준비된 영원한 불로 들어가라.

핵심구조

...명사 fire + prepared...

단어 및 숙어의 확장

동 사 depart 출발하다, 떠나다 / curse 저주하다

형용사 eternal 영원한

참고
- fire와 prepared 사이에 주격관계대명사 that 또는 which와 is가 생략되어 있다.
- prepared는 the eternal fire를 수식한다.

의역

저주를 받은 자들아 나를 떠나 마귀와 그 사자들을 위하여 예비된 영영한 불에 들어가라.

23 While Jesus was in Bethany in the home of a man ✓ known as Simon the Leper, a woman came to him with an alabaster jar of very expensive perfume, which she poured on his head as he was reclining at the table. (마26:6-7)

직역

예수님이 베다니에서 문둥병자인 사이몬이라고 알려진 사람의 집에 계시는 동안, 어떤 여자가 매우 비싼 향유가 든 설화석고로 만든 단지를 들고 그에게 왔다. 그리고는 그녀는 예수님이 테이블에 기울이고 있을 때에 그의 머리위에 향유를 퍼부었다.

핵심구조

...명사 + a man + known...

단어 및 숙어의 확장

명 사 alabaster 설화석고 / perfume 향수

동 사 recline 기울다, 기울이다

참고
- a man과 known사이에는 주격관계대명사 that과 was가 생략되어 있다.
- known은 a man을 수식한다.

의역

예수께서 베다니 문둥이 시몬의 집에 계실 때에 한 여자가 매우 귀한 향유 한 옥합을 가지고 나와서 식사하시는 예수의 머리에 부으니.

24 Then one of the Twelve — the one ✓ called Judas Iscariot — went to the chief priests and asked, "What are you willing to give me if I hand him over to you?" (마26:14-15)

직역

그러자 12명 중의 한 사람, 즉 유다 이스캐리옷이라고 불리는 사람이 대제사장들에게 가서 물었다, "만약 내가 당신들에게 그를 넘겨주면 내게 기꺼이 무엇을 해주실겁니까?"

핵심구조

...명사 the one + called...

단어 및 숙어의 확장

숙 어 be willing to: 기꺼이...하다

예) 그는 그 일을 기꺼이 떠맡았다. He was willing to undertake the job.

참고

- the one과 called 사이에 주격관계대명사 that 혹은 who 와 was가 생략되어 있다.
- called는 the one을 수식한다.

의역

그 때에 열둘 중에 하나인 가룟 유다라 하는 자가 대제사장들에게 가서 말하되 내가 예수를 너희에게 넘겨 주리니 얼마나 주려느냐 하니.

25 Then Jesus went with his disciples to a place ✓ called Gethsemane, and he said to them, "Sit here while I go over there and pray." (마26:36)

겟세마네교회 또는 만국교회

직역

그때 예수님께서 제자들과 함께 겟세마네라고 불리는 장소로 가서 그들에게 말씀하셨다, "내가 저쪽으로 가서 기도하는 동안 이곳에 앉아있어라."

핵심구조

...명사 a place + called...

참고

- place와 called 사이에는 주격관계대명사 that 또는 which와 was가 생략되어 있다.
- called는 place를 수식한다.

의역

이에 예수께서 제자들과 함께 겟세마네라 하는 곳에 이르러 제자들에게 이르시되 내가 저기 가서 기도할 동안에 너희는 여기 앉아 있으라 하시고.

26 With him was a large crowd ✓ armed with swords and clubs, ✓ sent from the chief priests and the elders of the people. (마26:47)

직역

그와 함께 칼과 곤봉으로 무장하고 대제사장들과 사람들의 장로들로부터 보내진 커다란 군중이 있었다.

핵심구조

...명사 crowd + armed..../ ...명사 clubs + sent...

단어 및 숙어의 확장

명 사 sword 칼, 검, 무력 / club 곤봉, 클럽 / elder 장로

동 사 arm 무장하다, 지니다

참고

- crowd와 armed 사이에 주격관계대명사 that 또는 which와 was가 생략되어 있다.
- clubs와 sent 사이에 주격관계대명사 that 또는 which와 was가 생략되어 있다.
- armed와 sent는 crowd를 수식한다.

의역

대제사장들과 백성의 장로들에게서 파송된 큰 무리가 검과 몽치를 가지고 그와 함께 하였더라.
{여기에서 him은 예수님을 배반한 유다(Judas)를 가리킨다}

27 Now it was the governor's custom at the Feast to release a prisoner ✓ chosen by the crowd. (마27:15)

직역

이제 군중들에 의해서 선택된 죄수 한 명을 풀어주는 것이 그 축제에서 총독의 관습이었다.

핵심구조

...명사 a prisoner + chosen...

단어 및 숙어의 확장

동 사 release 풀어놓다, 발표하다 / choose 선택하다 choose-chose-chosen

참고
- prisoner와 chosen 사이에 주격관계대명사 whom 또는 that과 was가 생략되어 있다.
- chosen은 prisoner를 수식한다.

의역

명절을 당하면 총독이 무리의 소원대로 죄수 하나를 놓아 주는 전례가 있더니.

28 At that time they had a notorious prisoner ✓ called Barabbas. (마27:16)

직역

당시에 그들은 바라바라고 불리는 악명 높은 죄수를 갖고 있었다.

핵 심 구 조

...명사 prisoner + called...

단어 및 숙어의 확장

숙 어 at that time 당시에

형용사 notorious 악명 높은

참고
- prisoner와 called 사이에 주격관계대명사 who 또는 that과 was가 생략되어 있다.
- called는 prisoner를 수식한다.

의역

그 때에 바라바라 하는 유명한 죄수가 있는데.

29 As they were going out, they met a man from Cyrene, ✓ named Simon, and they forced him to carry the cross. (마27:32)

직역

밖으로 나갔을 때 그들은 구레네에서 온 시몬이라는 이름을 가진 한 사람을 만났고 그에게 강제로 십자가를 지게 하였다.

핵 심 구 조

...명사 Cyrene + named...

단어 및 숙어의 확장

숙 어 force + 목적어 + to + 동사원형=...로 하여금 강제로--하게하다
예) 그들은 그에게 억지로 서류에 서명하게 했다
They forced him to sign the paper.

참고
• Cyrene: 구레네.
• Cyrene와 named 사이에 who was가 생략되어 있다.
• named는 a man을 수식한다.

의역

나가다가 시몬이란 구레네 사람을 만나매 그를 억지로 같이 가게 하여 예수의 십자가를 지웠더라.

30 They came to a place ✓ called Golgotha (which means The Place of the Skull). (마27:33)

직역

그들은 골고다라고 불리는 장소에 왔다.

핵심구조

...명사 a place + called...

단어 및 숙어의 확장

명 사 skull 두개골, 머리, 두뇌

참고
• place와 called 사이에 that 또는 which와 was가 생략되어 있다.
• called는 a place를 수식한다.

의역

골고다 즉 해골의 곳이라는 곳에 이르러.

31 There they offered Jesus wine to drink ✓ mixed with gall. (마27:34)

직역

거기에서 그들은 예수님에게 담즙을 섞은 마실 포도주를 제공하였다.

핵심구조

...명사 wine + mixed...

단어 및 숙어의 확장

명사 gall (동물의) 담즙

참고
- drink와 mixed 사이에 that 또는 which와 was가 생략되어 있다.
- to drink는 wine을 수식한다.
- mixed는 wine을 수식한다.

의역

쓸개 탄 포도주를 예수께 주어 마시게 하려 하였더니.

32 As evening approached, there came a rich man from Arimathea ✓ named Joseph, who had himself become a disciple of Jesus. (마27:57)

직역

저녁이 다가오자, 아마티아에서 온 요셉이라는 이름을 가진 부자가 와서 자신을 예수님의 제자로 만들었다.

핵심구조

...명사 Arimathea + named...

단어 및 숙어의 확장

동사 approach 다가가다, 접근하다

참고
- Arimathea와 named 사이에 who 또는 that was가 생략되어 있다.
- named는 a man을 수식한다.

의역

저물었을 때에 아리마대 부다 요셉이라 하는 사람이 왔으니 그도 예수의 제자라.

03

분사구문의 부대상황(동시상황)이 쓰인 문장

중요포인트

형태: ① 현재분사(...ing), 주어 + 동사
② 주어 + 동사, 현재분사(..ing)

원래 주격보어로서 주절의 동작이 일어날 때의 주어의 상황을 나타내준다.

예시

- 발끝으로 살살 걸어서 나는 강가에 다가갔다.
  Walking on tiptoe, I approached the riverside.
  =I walked on tiptoe and approached the window.
- 함께 복음성가를 부르며 우리는 즐겁게 보냈다.
  Singing gospel songs together, we had a good time.
  =We sang gospel songs together and had a good time.

1 "A voice is heard in Ramah, weeping and great mourning. Rachel weeping for her children and refusing to be comforted, because they are no more." (마2:18)

직역

라마에서 눈물을 흘리며 크게 슬퍼하는 목소리가 들렸다. 라헬은 자신의 자녀들을 위해서 눈물을 흘렸고 위로받기를 거절하였다. 그 자녀들이 더 이상 살아있지 않았기 때문이었다.

핵심구조

주어+동사... , weeping and mourning

단어 및 숙어의 확장

동 사 weep (눈물을 소리 없이 주르륵) 흘리다 / mourn 슬퍼하다, 한탄하다, 애도하다

의역

라마에서 슬퍼하며 크게 통곡하는 소리가 들리니 라헬이 그 자식을 위하여 애곡하는 것이라 그가 자식이 없으므로 위로받기를 거절하였도다.

2 In those days John the Baptist came, preaching in the Desert of Judea and saying, "Repent, for the kingdom of heaven is near." (마3:1)

직역

당시 세례요한이 와서 유대광야에서 설교하면서 이렇게 말했다. "회개하라, 천국이 가까이 왔다."

핵 심 구 조

주어 + 동사, + preaching...

단어 및 숙어의 확장

동 사 repent 회개하다, 후회하다, 참회하다

참고 • preaching은 and preached로 바꿀 수 있다.

의역

그 때에 세례요한이 이르러 유대 광야에서 전파하여 가로되 회개하라 천국이 가까왔느니라 하였으니.

3 His winnowing fork is in his hand, and he will clear his threshing floor, gathering his wheat into the barn and burning up the chaff with unquenchable fire. (마3:12)

직역

키질하는 포크가 그의 손에 있다. 그는 타작마당을 깨끗이 하고, 밀을 곳간에 넣을 것이며 찌꺼기를 꺼지지 않는 불속에 던져버릴 것이다.

핵 심 구 조

주어 + 동사, and + 주어 + 동사, + gathering.../ burning...

단어 및 숙어의 확장

동 사 winnow (곡물, 겨 등을) 까부르다, 키질(체질)하다, 고르다, 골라내다 / thresh (곡식을)타작하다, 탈곡하다, 검토하다

명 사 chaff 찌꺼기

의역

손에 키를 들고 자기의 타작마당을 정하게 하사 알곡은 모아 곡간에 들이고 쭉정이는 거지지 않는 불에 태우시리라.

4 But John tried to deter him, saying "I need to be baptized by you, and do you come to me?" (마3:14)

직역

그러나 요한은 그를 저지하며 이렇게 말했다. "나는 당신에 의하여 세례를 받아야만 합니다. 그러니 저에게 오시겠습니까?"

핵심구조

주어 + 동사, + saying...

단어 및 숙어의 확장

동 사 deter (공포, 의혹 따위로) 제지하다, 단념시키다, 방해하다, 저지하다

참고 • saying은 and said로 바꿀 수 있다.

의역

요한이 말려 가로되 내가 당신에게 세례를 받아야 할 터인데 당신이 내게로 오시나이까.

5 They were in a boat with their father Zebedee, preparing their nets. (마4:21)

직역

그들은 그물을 준비하면서 아버지 제베데와 함께 배 안에 있었다.

핵심구조

주어 + 동사, + preparing...

참고 • preparing은 and prepared로 바꿀 수 있다.

의역

그의 부친 세베대와 한가지로 배에서 그물 깁는 것을 보시고.

6 Jesus went throughout Galilee, teaching in their synagogues, preaching the good news of the kingdom, and healing every disease and sickness among the people. (마4:23)

직역

예수님은 갈릴리 지방을 모두 돌아다니시면서 회당에서 가르치시고, 천국의 복음을 설교하시고, 사람들 중에서 병든 자들을 모두 치료해주셨다.

핵심구조

주어 + 동사 + , teaching / preaching / healing...

단어 및 숙어의 확장

명 사 synagogue 회당 / disease 질병

동 사 heal 치료하다

참고
• teaching∽preaching∽,and healing∽은 and taught...preached...and healed로 바꿀 수 있다.

의역

예수께서 온 갈릴리에 두루 다니사 저희 회당에서 가르치시며 천국 복음을 전파하시며 백성 중에 모든 병과 모든 약한 것을 고치시니.

7 When Jesus had entered Capernaum, a centurion came to him, asking for help. (마8:5)

직역

예수님이 가버나움에 들어가셨을 때 한 백부장이 그에게 와서 도움을 요청하였다.

핵심구조

주어 + 동사, + asking...

단어 및 숙어의 확장

명 사 centurion 백부장

참고 • asking을 and asked로 바꿀 수 있다.

의역

예수께서 가버나움에 들어가시니 한 백부장이 나아와 간구하여.

8 No one sews a patch of unshrunk cloth on an old garment, for the patch will pull away from the garment, <u>making</u> the tear worse. (마9:16)

직역

낡은 옷 위에 새 천조각을 꿰매는 사람은 아무도 없다. 그 천조각이 옷에서 댕겨져 나와서 찢어짐을 더욱 나쁘게 하기 때문이다.

핵심구조

주어 + 동사, + making...

단어 및 숙어의 확장

동 사 shrink 위축되다, 오그라들다. 주름 잡히다. shrink-shrank-shrunk / sew 꿰매다 sew-sewed-sewn

명 사 patch 헝겊 / garment 의복, 옷

참고 • making은 and made로 바꿀 수 있다.

의역

생베조각을 낡은 옷에 붙이는 자가 없나니 이는 기운 것이 그 옷을 당기어 헤어짐이 더하게 됨이요.

9 As Jesus went on from there, two blind men followed him, calling out, "Have mercy on us, Son of David !" (마9:27)

직역

예수님이 거기로부터 나와서 계속 나아가실 때에 두 명의 맹인이 그를 따라가서 이렇게 소리쳤다. "다윗의 자손이시여, 우리에게 자비를 베푸옵소서!"

핵심구조

주어 + 동사, + calling...

참고
• calling out은 ,and called out으로 바꿀 수 있다.

의역

예수께서 거기서 떠나가실새 두 소경이 따라오며 소리질러 가로되 다윗의 자손이여 우리를 불쌍히 여기소서 하더니.

10 Jesus went through all the towns and villages, <u>teaching</u> in their synagogues, <u>preaching</u> the good news of the kingdom and <u>healing</u> every disease and sickness. (마9:35)

직역

예수님은 모든 도시와 마을을 두루 돌아다니시며 그들의 회당에서 가르치시고 천국의 복음을 설교하시고 모든 질병을 고치셨다.

핵심구조

주어 + 동사, + teaching / preaching / healing

단어 및 숙어의 확장

명사 synagogue 회당

참고
- teaching은 and taught로, preaching은 and preached로, healing은 healed로 바꿀 수 있다.

의역

예수께서 모든 성과 촌에 두루 다니사 저희 회당에서 가르치시며 천국 복음을 전파하시며 모든 병과 모든 약한 것을 고치시니라.

11 Many followed him and he healed all their sick, <u>warning</u> them not to tell who he was. (마12:15)

직역

수많은 사람들이 그를 따랐고 그는 모든 병든 자들을 치유하셨으며 그들에게 자신이 누구인지 말하지 말라 경고했다.

핵 심 구 조

주어 + 동사, + warning...

단어 및 숙어의 확장

동 사 warn 경고하다

명 사 the sick=sick people

참고 • warning은 and warned로 바꿀 수 있다.

의역

예수께서 아시고 거기를 떠나가시니 사람이 많이 좇는지라 예수께서 저희 병을 다 고치시고 자기를 나타내지 말라 경계하셨으니.

12 While Jesus was still talking to the crowd, his mother and brothers stood outside, wanting to speak to him. (마12:46)

직역

예수님이 아직도 군중에게 말하고 있는 동안 그의 어머니와 형제들은 밖에 서서 그에게 말하기를 원했다.

핵 심 구 조

주어 + 동사, + wanting...

참고 • wanting은 and wanted로 바꿀 수 있다.

의역

예수께서 무리에게 말씀하실 때에 그 모친과 동생들이 예수께 말하려고 밖에 섰더니.

13 The one who received the seed that fell among the thorns is the man who hears the word, but the worries of this life and the deceitfulness of wealth choke it, making it unfruitful. (마13:22)

직역

가시덩쿨 사이로 떨어진 씨앗을 받은 사람은 말씀을 듣지만 이 세상의 걱정과 재산의 속임수가 말씀을 질식시키고 열매 맺지 못하게 한다.

성|경|해|설 말씀을 듣지만 세상의 염려와 재리의 유혹에 말씀이 막혀서 결실을 맺지 못하는 자이다.

핵 심 구 조

주어 + 동사, + making...

단어 및 숙어의 확장

명 사 thorn 가시 / deceitfulness 속임, 거짓, 사기
형용사 unfruitful 효과가 없는, 보람 없는, 열매 맺지 않은, 헛된
동 사 choke 질식시키다, 숨 막히게 하다, 막다, 억제하다

참고 • making은 and made로 바꿀 수 있다.

의역

가시떨기에 뿌리웠다는 것은 말씀을 들으나 세상의 염려와 재리(財利)의 유혹에 말씀이 막혀 결실치 못하는 자요.

14 He produces a crop, yielding a hundred, sixty or thirty times what was sown. (마13:23)

직역

그는 곡식을 생산하여 뿌려졌던 것의 100배, 60배, 30배의 수확을 거둔다.

핵심구조

주어 + 동사, + yielding...

단어 및 숙어의 확장

동 사 yield 생기게 하다, 산출하다, 양보하다, 굴복하다, 포기하다, (이익을) 가져오다.

참고
• yielding은 and yielded로 바꿀 수 있다.

의역

결실하여 혹 백 배, 혹 육십 배, 혹 삼십 배가 되느니라.

15 During the fourth watch of the night Jesus went out to them, walking on the lake. (마14:25)

직역

밤 사경(주석: 밤을 각각 3시간씩 넷으로 구분하던 시간 계산법의 마지막 시간대. 새벽3-6시사이이다)에 예수님께서 그들에게 가셨다, 호수 위를 걸으시면서.

핵심구조

주어 + 동사, walking....

단어 및 숙어의 확장

명사 watch 망보기, 조심, 경계, 파수꾼, 밤을 4구분한 것의 하나

참고 • walking은 and walked로 바꿀 수 있다.

의역

밤 사경에 예수께서 바다 위로 걸어서 제자들에게 오시니.

16 A Canaanite woman from that vicinity came to him, crying out, "Lord, Son of David, have mercy on me !" (마15:22)

직역

그 지역에서 온 어느 가나안 여인이 그에게 와서 크게 소리치며 말했다. "다윗의 자손이신 주님, 저에게 자비를 베풀어주시옵소서!"

핵심구조

주어 + 동사, + crying....

단어 및 숙어의 확장

명사 vicinity 근처, 근방

참고

- canaan: 가나안. 지금의 서 Palestine을 말한다. 약속의 땅, 낙원, 이상향.
- canaanite: 가나안 사람, 가나안어/ Paris---Parisian/ New York: New Yorker/ London: Londoner/ Seoul: Seoulite
- crying은 and cried로 바꿀 수 있다.
- that은 vicinity를 수식하는 지시형용사이다.

의역

가나안 여자 하나가 그 지경에서 나와서 소리 질러 가로되 주 다윗의 자손이여 나를 불쌍히 여기소서.

17 **Great crowds came to him, <u>bringing</u> the lame, the blind, the crippled, the mute and many others, and laid them at his feet, and he healed them. (마15:30)**

직역

엄청난 군중들이 그에게 왔다. 그들은 절름거리는 자들, 눈먼 자들, 불구자들, 벙어리들과 수많은 다른 사람들을 데리고 와서 그의 발치에 눕혔고 그는 그들을 치료해주었다.

핵심구조

주어 + 동사, + bringing...

단어 및 숙어의 확장

명 사 the lame=lame people / the blind=blind people / the crippled=crippled people / the mute=mute people

동 사 lay 눕히다 lay-laid-laid

참고

- bringing은 and brought로 바꿀 수 있다.

의역

큰 무리가 절뚝발이와 불구자와 소경과 벙어리와 기타 여럿을 데리고 와서 예수의 발 앞에 두매 고쳐주시니.

18 Just then there appeared before them Moses and Elijah, talking with Jesus. (마17:3)

직역

바로 그때 그들 앞에 모세와 엘리야가 나타나서 예수님과 대화를 나누었다.

핵심구조

주어 + 동사, + talking....

참고 • talking은 and talked로 바꿀 수 있다.

의역

때에 모세와 엘리야가 예수로 더불어 말씀하는 것이 저희에게 보이거늘.

19 At the renewal of all things, when the Son of Man sits on his glorious throne, you who have followed me will also sit on twelve thrones, judging the twelve tribes of Israel. (마19:28)

직역

모든 것을 새롭게 할 때에, 인자가 그의 영광스러운 권좌에 앉을 때에 나를 따랐던 너희들도 12권좌에 앉아서 이스라엘의 12지파를 심판할 것이다.

핵 심 구 조

주어 + 동사, + judging...

단어 및 숙어의 확장

명 사 throne 왕권 / tribe 종족, 부족, 지파 / renewal 부활, 새롭게 하기, 회복, 재생

형용사 glorious 영광스러운, 영예스러운

참고
• judging은 and judged로 바꿀 수 있다.

의역

세상이 새롭게 되어 인자가 자기 영광의 보좌에 앉을 때에 나를 좇는 너희도 열두 보좌에 앉아 이스라엘 열두 지파를 심판하리라.

20 Call the workers and pay them their wages <u>beginning</u> with the last ones ✓ hired and going on to the first. (마20:8)

직역

일하는 자들을 불러서 마지막에 고용된 사람부터 시작해서 처음 고용된 사람까지 그들의 급료를 지불하라.

핵 심 구 조

주어 + 동사 + beginning... / going....

단어 및 숙어의 확장

동 사 hire 고용하다

참고
- beginning은 and began으로, going은 went로 바꿀 수 있다.

의역

품꾼들을 불러 나중 온 자로부터 시작하여 먼저 온 자까지 삯을 주라.

21 Then the mother of Zebedee's sons came to Jesus with her sons and, <u>kneeling</u> down, asked a favor of him. (마20:20)

직역

그때 제베대의 아들들의 어머니가 아들들과 함께 예수님에게 와서 무릎을 끓고 호의를 베풀어달라고 요청하였다.

핵심구조

주어 + 동사, + kneeling....

단어 및 숙어의 확장

동 사 kneel (down) 무릎을 꿇다

참고
- kneeling은 and kneeled로 바꿀 수 있다.
- ask a favor of=간청하다, 호의를 베풀어달라고 요청하다.
  예) 내 부탁 좀 들어줄래? - Do me a favor, please.
  - Will you do me a favor?

의역

그 때에 세베대의 아들의 어미가 그 아들들을 데리고 예수께 와서 절하며 무엇을 구하니.

22 As they approached Jerusalem and came to Bethphage on the Mount Olives, Jesus sent two disciples, <u>saying</u> to them. (마21:1)

예루살렘

직역

그들이 예루살렘에 가까이 가서 올리브산 위의 벳바게에 왔을 때 예수님은 두 명의 제자들을 보내시면서 이렇게 말씀하셨다.

핵심구조

주어 + 동사, + saying...

참고 • saying은 and said로 바꿀 수 있다.

의역

저희가 예루살렘에 가까이 와서 감람산 벳바게에 이르렀을 때에 예수께서 두 제자들 보내시며 이르시되.

23 Jesus spoke to them again in parables, saying: "The kingdom of heaven is like a king who prepared a wedding banquet for his son." (마22:1)

직역

예수님은 그들에게 다시 우화로 말씀하셨다, "천국은 아들을 위해서 결혼축제를 준비하는 왕과 같다."

핵심구조

주어 + 동사, + saying...

단어 및 숙어의 확장

명사 parable 우화 / banquet 연회, 향연, 축제

참고 • saying은 and said로 바꿀 수 있다.

의역

예수께서 다시 비유로 대답하여 가라사대 천국은 마치 자기 아들을 위하여 혼인 잔치를 베푼 어떤 임금과 같으니.

24 For many will come in my name, claiming, 'I am the Christ' and will deceive many. (마24:5)

직역

왜냐하면 많은 사람들이 나의 이름으로 와서 '나는 그리스도이다' 라고 주장하며 많은 사람들을 속일 것이기 때문이다.

핵 심 구 조

주어 + 동사, + claiming....

단어 및 숙어의 확장

동 사 claim 주장하다, 요구하다, 요청하다, 의견을 말하다 / deceive 속이다, 사기치다, 기만하다

의역

많은 사람이 내 이름으로 와서 이르되 나는 그리스도라 하여 많은 사람을 미혹케 하리라.

25 'Master,' he said, 'I knew that you are a hard man, harvesting where you have not sown and gathering where you have not scattered seed.' (마25:24)

직역

'주인님,' 그가 말했다, '저는 압니다 당신이 구두쇠 같은 사람이라서, 씨 뿌리지 않은 곳에서 수확하고 씨앗을 흩뿌리지 않은 곳에서 거둔다는 것을.

핵 심 구 조

주어 + 동사 + gathering...

단어 및 숙어의 확장

동 사 harvest 수확하다 / sow 씨뿌리다 / scatter 흩뿌리다

명 사 seed 씨앗, 종자

참고
- harvesting은 and harvest로 gathering은 gather로 바꿀 수 있다.
- 종속접속사 that이하는 knew의 목적어로서 명사절을 이끈다.

의역

한 달란트 받았던 자도 와서 가로되 주여 당신은 굳은 사람이라 심지 않은 데서 거두고 헤치지 않은 데서 모으는 줄을 내가 알았으므로,

26 So he left them and went away once more and prayed the third time, saying the same thing. (마26:44)

직역

그래서 그는 그들을 떠나서 다시 한 번 멀리 가셨다가 세 번째로 같은 말을 하시면서 기도를 드렸다.

핵심구조

주어 + 동사, + saying.....

참고
- saying은 and said로 바꿀 수 있다.

의역

또 저희를 두시고 나아가 세 번째 동일한 말씀으로 기도하신 후,

27 Then the men stepped forward, seized Jesus and arrested him. With that, one of Jesus' companions reached for his sword, drew it out and struck the servant of the high priest, cutting off his ear. (마26:51)

직역

그때 그 사람들이 앞으로 걸어와서 예수님을 붙잡아 체포하였다. 그와 더불어 예수님의 동료 중의 한 명이 그의 칼에 손을 뻗어 빼들고 대제사장의 하인을 내리쳐서 그의 귀를 잘랐다.

핵심구조

주어 + 동사, + cutting....

단어 및 숙어의 확장

동사 seize 붙잡다, 꽉 쥐다 / arrest 체포하다 / strike 치다 strike-struck-struck

명사 companion 동료 / sword 칼

참고

- cutting은 and cut로 바꿀 수 있다
- that은 바로 앞 문장을 받는 지시대명사

의역

이에 저희가 나아와 예수께 손을 대어 잡는지라 예수와 함께 있던 자 중에 하나가 손을 펴 검을 빼어 대제사장의 종을 쳐 그 귀를 떨어뜨리니.

28 Those who passed by hurled insults at him, shaking their heads and saying "You who are going to destroy the temple and build it in three days, save yourself ! Come down from the cross, if you are the Son of God !" (마27:39-40)

직역

지나가는 사람들이 그에게 욕설을 퍼부었고 그들의 머리를 흔들며 말했다, "성전을 부수고 사흘 만에 다시 세운다더니, 당신 자신을 구해라! 십자가에서 내려와라, 당신이 하나님의 아들이라면!"

핵심구조

주어 + 동사, + shaking..../ saying....

단어 및 숙어의 확장

숙어 pass by 지나가다

동사 hurl(욕설 등을)퍼붓다, (비명을)지르다, 내던지다 /
shake 흔들다 shake-shook-shaken / save 구조하다, 살리다

명사 insult 모욕, 욕설(하다)

참고 • shaking은 and shook로 ,saying은 and said로 바꿀 수 있다.

의역

지나가는 자들은 자기 머리를 흔들며 예수를 모욕하여 가로되 성전을 헐고 사흘에 짓는 자여 네가 만일 하나님의 아들이어든 자기를 구원하고 십자가에서 내려오라 하며.

29 Many women were there, watching from a distance. (마27:55)

직역

많은 여자들이 멀리에서부터 바라보면서 거기에 있었다.

핵심구조

주어 + 동사, + watching....

단어 및 숙어의 확장

명 사 miracle 기적 / power 능력, 권능

형용사 miraculous 기적적인 / powerful 능력 있는, 권능의

숙 어 from a distance 멀리서

참고 • watching은 and watched로 바꿀 수 있다.

의역

많은 여자가 거기 있어 멀리서 바라보고 있으니.

30 There was a violent earthquake, for an angel of the Lord came down from heaven and, going to the tomb, rolled back the stone and sat on it. (마28:2)

직역

지진이 있었는데, 왜냐하면 주님의 천사가 하늘에서 내려와서 무덤으로 가서 돌을 굴려 뒤로 두고 그 위에 앉았기 때문이었다.

핵 심 구 조

주어 + 동사, + going.....

단어 및 숙어의 확장

형용사 violent 격렬한, 맹렬한, 폭력적인

명 사 earthquake 지진 / tomb 무덤

숙 어 going to the tomb은 went to the tomb로 바꿀 수 있다

의역

큰 지진이 나며 주의 천사가 하늘로서 내려와 돌을 굴려 내고 그 위에 앉았는데.

31 When the chief priests had met with the elders and devised a plan, they gave the soldiers a large sum of money, telling them, "You are to say, 'His disciples came during the night and stole him away while we were asleep.'" (마28:12-13)

직역

대제사장들이 장로들을 만나서 계획을 고안할 때에 그들은 군인들에게 큰 액수의 돈을 주며 말했다. "너희들은 '우리가 잠든 사이에 그의 제자들이 밤사이에 와서 그를 훔쳐갔다'고 말해야 한다."

핵 심 구 조

주어 + 동사, + telling....

단어 및 숙어의 확장

명 사 elders 장로들 / a large sum of money 큰 액수의 돈

동 사 devise 고안하다 / are to=should /

stole: steal(훔치다)의 과거형, steal-stole-stolen

참고 • telling them은 and told them으로 바꿀 수 있다.

의역

그들이 장로들과 함께 모여 의논하고 군병들에게 돈을 많이 주며 가로되 너희는 말하기를 그의 제자들이 밤에 와서 우리가 잘 때에 그를 도적질 하여 갔다 하라.

32 Therefore go and make disciples of all nations, <u>baptizing</u> them in the name of the Father and of the Son and of the Holy Spirit, and <u>teaching</u> them to obey everything I have commanded you. (마28:19-20)

직역

그러므로 가서 모든 나라들을 제자로 삼고 아버지와 아들과 성령의 이름으로 그들에게 세례를 주고 내가 너희에게 명령했던 모든 것에 복종하라고 가르쳐라.

핵심구조

주어 + 동사, + baptizing.../ teaching....

단어 및 숙어의 확장

동 사 baptize 세례를 주다 / obey 복종하다 / command 명령하다

참고
- baptizing them은 and baptized them으로 바꿀 수 있고 teaching them은 taught them으로 바꿀 수 있다.
- everything과 I 사이에 목적격 관계대명사 that이 생략되어 있다.

의역

그러므로 너희는 가서 모든 족속으로 제자를 삼아 아버지와 아들과 성령의 이름으로 세례를 주고 내가 너희에게 분부한 모든 것을 가르쳐 지키게 하라.

04 분사구문이 쓰인 문장

중요포인트

형태: ① ...ing, 주어 + 동사
② -ed, 주어 + 동사
③ having+pp. , 주어 + 동사
④ having+been+pp. , 주어 + 동사

부사절(=종속절)이 들어 있는 복문을 현재분사(...ing)나 과거분사(pp.)를 사용해서 간단한 부사구로 된 단문으로 만든 것을 분사구문이라고 한다.

[고치는 법]

❶ 종속절 안의 접속사를 생략한다

❷ 중심되는 주절의 주어와 종속절의 주어가 같을 경우, 종속절의 주어를 생략한다

❸ 종속절의 동사의 원형에 ...ing를 붙인다

예시

- If you turn to the left, you will find Hanyoung Theological University.
  (왼편으로 돌면, 한영신학대학교를 발견할 것이다)
  → Turning to the left, you will find HYTU.

1 Confessing their sins, they were baptized by him in the Jordan River. (마3:6)

직역

자신들의 죄를 고백한 후에 그들은 요단강에서 그에 의하여 세례를 받았다.

핵심구조

confessing....., 주어 + 동사

단어 및 숙어의 확장

동 사 confess 고백하다, 실토하다, 인정하다, 참회하다, 자백하다 / baptize ...에게 세례를 베풀다, (정신적으로)깨끗이 하다, 세례를 주다

참고 • 시간을 나타내는 분사구문: After they confessed their sins, they... ...

의역

자기들의 죄를 자복하고 요단강에서 그에게 세례를 받더니.

2 <u>Leaving</u> Nazareth, he went and lived in Capernaum... (마4:13)

직역

나자렛을 떠난 후, 그는 가버나움에 가서 살았다.

핵심구조

leaving...., 주어 + 동사

참고 • 시간을 나타내는 분사구문: After he left Nazareth, he went and lived...

의역

나자렛을 떠나 가버나움에 가서 사시니.

3 <u>Going</u> on from there, he saw two other brothers, James son of Zebedee and his brother John. (마4:21)

직역

거기서부터 걸어가면서 그는 두 명의 다른 형제들, 즉 제베대의 아들 야고보와 그의 형제 요한을 만났다.

핵심구조

going....., 주어 + 동사

참고 • 시간을 나타내는 분사구문: When(While) he went on from there, he... ...

의역

거기서 더 가시다가 다른 두 형제 곧 세베대의 아들 야고보와 그 형제 요한이 그 부친 세베대와 한가지로 배에서 그물 깁는 것을 보시고 부르시니.

4 Going on from that place, he went into their synagogue, (마12:9)

직역

그곳으로부터 걸어가면서 그는 그들의 회당으로 걸어 들어갔다.

핵심구조

going....., 주어 + 동사

단어 및 숙어의 확장

명사 synagogue 회당

참고 • 시간을 나타내는 분사구문: When(While) he went on from that place, he... ...

의역

거기를 떠나 저희 회당에 들어가시니.

5 Knowing their thoughts, Jesus said, "Why do you entertain evil thoughts in your hearts?" (마9:4)

직역

그들의 생각을 아신 예수님은 말씀하셨다. "너희의 마음에 왜 악한 생각을 품느냐?"

핵심구조

knowing...., 주어 + 동사

단어 및 숙어의 확장

동사 entertain 대접하다, 환대하다, 즐겁게 하다, 위로하다

참고 • 이유를 나타내는 분사구문: Because he knew their thoughts, Jesus said... ...

의역

예수께서 그 생각을 아시고 가라사대 너희가 어찌하여 마음에 악한 생각을 하느냐.

6 Looking for a reason to accuse Jesus, they asked him, "Is it lawful to heal on the Sabbath?" (마12:10)

직역

예수님을 비난할 이유를 찾던 그들은 그에게 물었다. "안식일에 치료하는 것이 법에 알맞은 것인가?"

핵 심 구 조

looking....., 주어 + 동사

단어 및 숙어의 확장

동 사 accuse 고발하다, 고소하다, 비난하다, 나무라다

형용사 lawful 합법적인, 합법의, 정당한, 타당한

참고

- 시간을 나타내는 분사구문: While they looked for a reason...으로 바꿀 수 있다.

의역

예수를 송사하려 하여 물어 가로되 안식일에 병 고치는 것이 옳으니이까.

7 Pointing to his disciples, he said, "Here are my mother and my brothers." (마12:49)

직역

제자들을 가리키면서 그는 말씀하셨다. "이 사람들이 나의 어머니와 나의 형제들이다."

핵 심 구 조

pointing...., 주어 + 동사

참고

- 시간을 나타내는 분사구문: While he pointed to his disciples,...로 바꿀 수 있다.

의역

제자들을 가리켜 가라사대 나의 모친과 나의 동생들을 보라.

8 Coming to his hometown, he began teaching the people in their synagogue, and they were amazed. (마13:54)

직역

그의 고향으로 돌아왔을 때 그는 회당에서 사람들을 가르치기 시작하였고 사람들은 놀랐다.

핵심구조

coming....., 주어 + 동사

단어 및 숙어의 확장

동사 amaze 깜짝 놀라게 하다, 아연케하다 be amazed at(by)..에 깜짝 놀라다

형용사 amazed 깜짝 놀란

참고

• 시간을 나타내는 분사구문: When he came to his hometown으로 바꿀 수 있다.

의역

고향으로 돌아가사 저희 회당에서 가르치시니 저희가 놀라.

9 Hearing of this, the crowds followed him on foot from the towns. (마14:13)

직역

이것에 대한 소문을 들은 군중은 마을로부터 걸어서 그를 따라갔다.

핵심구조

hearing...., 주어 + 동사

단어 및 숙어의 확장

숙어 hear of: ...에 대한 소문을 듣다

예) That's the funniest thing I've ever heard of.

그것은 내가 들어본 소문 중 가장 우스운 것이었다.

hear from...으로부터 소식을 듣다

예) Have you heard from her recently?

(최근에 그녀에게서 소식을 들었니?)

참고 • 시간을 나타내는 분사구문: After they heard of this, 로 바꿀 수 있다.

의역

무리가 듣고 여러 고을로부터 걸어서 좇아간지라.

10 Taking the five loaves and the two fish and looking up to heaven, he gave thanks and broke the loaves. (마14:19)

오병이어

직역

빵 다섯 개와 물고기 두 마리를 받아들고 하늘을 쳐다보면서 그는 감사를 드리고 빵을 떼었다.

핵심구조

taking... and looking....., 주어 + 동사

단어 및 숙어의 확장

명사 loaf 덩어리, 빵 한 덩어리 / loaves: loaf의 복수형
예) two loaves of bread 빵 두 덩어리

참고
- 시간을 나타내는 분사구문: After he took the five loaves and the two fish and looked up to heaven, 로 바꿀 수 있다.

의역

떡 다섯 개와 물고기 두 마리를 가지사 하늘을 우러러 축사(祝謝)하시고 떡을 떼어.

11 When evening came, he was there alone, but the boat was already a considerable distance from land, buffeted by the waves because the wind was against it. (마14:23-24)

직역

저녁이 되었을 때 그는 그곳에 혼자 계셨다. 그러나 배가 이미 육지로부터 상당히 떨어져 있었고 파도에 시달렸다. 바람이 배에 부딪쳤기 때문이었다.

핵심구조

주어 + 동사, + buffted.....

단어 및 숙어의 확장

형용사 considerable 상당한, 중요한, 유력한, 무시할 수 없는
considerate 사려 깊은, 인정이 있는, 잘 생각해 주는,

동 사 buffet 시달리다, 싸우다, (풍파,운명에)농락하다, 희롱하다
예) The boat was buffted by the waves. (보트는 파도에 시달렸다)

참고
- buffeted 앞에 being이 생략되어 있다. ,and was buffeted로 바꿀 수 있다.

의역

저물매 거기 혼자 계시더니 배가 이미 육지에서 수 리나 떠나서 바람이 거슬리므로 물결을 인하여 고난을 당하더라.

12 Leaving that place, Jesus withdrew to the region of Tyre and Sidon. (마15:21)

직역

그 장소를 떠나신 후에, 예수님은 타이로와 시돈의 지역으로 물러나셨다.

핵심구조

leaving...., 주어 + 동사

단어 및 숙어의 확장

명사 region 지역, 지방, 지구, 행정구

동사 withdraw 움츠리다, 물러나다, 철수하다, 탈회하다, 인출하다
withdraw-withdrew-withdrawn

참고 • 시간을 나타내는 분사구문: After he left that place, 로 바꿀 수 있다.

의역

예수께서 거기서 나가사 두로와 시돈 지방으로 들어가시니.

13 Seeing a fig tree by the road, he went up to it but found nothing on it except leaves. (마21:19)

직역

길가에 있는 무화과나무를 보시더니 그는 그쪽으로 걸어갔지만 잎을 제외하고는 아무 것도 발견하지 못하셨다.

핵심구조

seeing...., 주어 + 동사

참고
- 시간을 나타내는 분사구문: When he saw a fig tree by the road로 바꿀 수 있다.

의역

길가에서 한 무화과나무를 보시고 그리로 가사 잎사귀밖에 아무것도 얻지 못하시고.

14 But, Jesus, knowing their evil intent, said, "You hypocrites, why are you trying to trap me?" (마22:18)

직역

그러나, 그들의 악한 의도를 아셨던 예수님은 말씀하셨다, "너희 위선자들아, 왜 나를 함정에 빠뜨리려고 하느냐?

핵심구조

주어 + , knowing.....+ 동사,

단어 및 숙어의 확장

명사 intent 의도 / hypocrite 위선자

동사 trap 덫을 놓다, 함정에 빠뜨리다, 속이다

참고
- 시간을 나타내는 분사구문: After he knew their evil intent,로 바꿀 수 있다.

의역

예수께서 저희의 악함을 아시고 가라사대 외식하는 자들아 어찌하여 나를 시험하느냐?

15 Hearing that Jesus had silenced the Sadducees, the Pharisees got together. (마22:34)

직역

예수님께서 사두개인들을 침묵시켰다는 말을 들었기 때문에 바리새인들은 함께 모였다.

핵심구조

hearing....., 주어 + 동사

단어 및 숙어의 확장

동사 silence 침묵을 지키다

참고
- that에서 Sadducees까지는 hear의 목적어가 되는 명사절이다.
- Hearing부터 Sadducees까지는 이유를 나타내는 분사구문이다.
  As they heard that Jesus had silenced the Sadducees,로 바꿀 수 있다.

의역

예수께서 사두개인들로 대답할 수 없게 하셨다 함을 바리새인들이 듣고 모였는데,

16 Going a little farther, he fell with his face to the ground and prayed, "My Father, if it is possible, may this cup be taken from me. Yet not as I will, but as you will." (마26:39)

직역

조금 더 나아갔을 때 그는 얼굴을 땅에 대고 기도하셨다, "나의 아버지여, 가능하다면, 이 잔을 나로부터 떨어지게 하옵소서. 그러나 나의 의지대로 하지 마시고 아버지의 의지대로 하시옵소서."

핵심구조

going...., 주어 + 동사

단어 및 숙어의 확장

farther: far의 비교급으로 '더 멀리'

참고

- Going a little farther는 시간을 나타내는 분사구문이다.
- When he went a little farther, 로 바꿀 수 있다.

의역

조금 나아가사 얼굴을 땅에 대시고 엎드려 기도하여 가라사대 내 아버지여 만일 할 만 하시거든 이 잔을 내게서 지나가게 하옵소서 그러나 나의 원대로 마옵시고 아버지의 원대로 하옵소서 하시고.

17 Going at once to Jesus, Judas said, "Greetings, Rabbi!" and kissed him. (마26:49)

직역

예수님께 즉시 간 후에 유다는 말했다, '안녕하세요, 선생님!" 하면서 그에게 입을 맞추었다.

핵심구조

going...., 주어 + 동사

참고
- Going at once to Jesus는 시간을 나타내는 분사구문이다.
- After he went at once to Jesus로 바꿀 수 있다.

의역

곧 예수께 나아와 랍비여 안녕하시옵니까 하고 입을 맞추니.

18 And sitting down, they kept watch over him there. (마27:36)

직역

그리고 앉아서 그들은 거기에서 그를 지켜보았다.

핵심구조

sitting...., 주어 + 동사

단어 및 숙어의 확장

숙 어 keep watch 지키다

참고
- sitting down은 시간을 나타내는 분사구문이다.
- When(While) they sat down, 로 바꿀 수 있다.

의역

거기 앉아 지키더라

19 Going to Pilate, he asked for Jesus's body, and Pilate ordered that it be given to him. (마27:58)

직역

빌라도에게 간 후 그는 예수님의 몸을 요구했고 빌라도는 그에게 그것을 주라고 명령했다.

핵심구조

going...., 주어 + 동사

참고
- Going to Pilate는 시간을 나타내는 분사구문이다.
- After he went to Pilate로 바꿀 수 있다.

의역

빌라도에게 가서 예수의 시체를 달라 하니 이에 빌라도가 내어 주라 분부하거늘.

20 Prompted by her mother, she said "Give me here on a platter the head of John the Baptist." (마14:8)

직역

엄마의 재촉으로 그녀는 말했다. "여기 큰 접시위에 세례요한의 머리를 올려주세요."

핵심구조

prompted...., 주어 + 동사

단어 및 숙어의 확장

명 사 platter (타원형의 얇은) 큰 접시, 소반

참고
- 이유를 나타내는 수동분사구문으로 prompted앞에 being이 생략되어 있다. As she was prompted by her mother,으로 바꿀 수 있다.

의역

그가 제 어미의 시킴을 듣고 가로되 세례 요한의 머리를 소반에 담아 여기서 내게 주소서 하니

21 When the disciples heard this, they fell facedown to the ground, terrified. (마17:6)

직역

이 말을 듣자 제자들은 얼굴을 땅쪽으로 향했으며 간담이 서늘할 정도로 놀랐다.

핵 심 구 조

주어 + 동사, ...terrified

단어 및 숙어의 확장

동 사 terrify 겁나게 하다, 놀라게 하다
숙 어 be terrified with (at)...에 놀라다,. ...에 간담이 서늘해지다

참고
• terrified 앞에 being이 생략되어 있다. 수동태분사구문이다.
• being terrified를 and was terrified로 바꿀 수 있다.

의역

제자들이 듣고 엎드리어 심히 두려워하니.

22 And <u>having been warned</u> in a dream not to go back to Herod, they returned to their country by another route. (마2:12)

직역

헤롯에게 돌아가지 말라고 꿈속에서 경고를 받은 그들은 또다른 경로를 통해서 그들의 나라에 돌아갔다.

핵 심 구 조

having + been + warned....., 주어 + 동사

단어 및 숙어의 확장

동 사 warn 경고하다
명 사 route 길, 경로, 통로, 노선

참고
• 이유를 나타내는 완료수동태분사구문: Because they had been warned in a dream not to go back to Herod, they~

의역

꿈에 헤롯에게로 돌아가지 말라 지시하심을 받아 다른 길로 고국에 돌아가니라.

23 Having been warned in a dream, he withdrew to the district of Galilee. (마2:22)

직역

꿈속에서 경고를 받았기 때문에 그들은 갈릴리 지방으로 물러갔다.

핵심구조

having + been + warned....., 주어 + 동사

단어 및 숙어의 확장

동사 withdraw 움츠리다, 철수하다, 철회하다, 박탈하다, 회수하다
withdraw-withdrew-withdrawn

명사 district 지역, 지구

참고
• 이유를 나타내는 완료수동태 분사 구문: As he had been warned in a dream, he withdrew to the district of Galilee.

의역

꿈에 지시하심을 받아 갈릴리 지방으로 떠나가.

05 with + 목적어 + ~ing (p.p.) (또는 부사구/ 전치사구)

중요포인트

형태 1: with + 목적어 + 형용사
형태 2: with + 목적어 + 현재분사(...ing) 또는 과거분사(p.p.)
형태 3: with + 목적어 + 부사구
형태 4: with + 목적어 + 전치사구

해석방법: ...한 상태로, ...하고, ...한 채, ...하면서

예시

- Nancy left the kitchen with the kettle boiling.
  (낸시는 물이 끓는 주전자를 그대로 놓아 둔 채 부엌을 떠났다.)
- With night coming on, he closed his shop.
  (밤이 다가와서 그는 가게문을 닫았다.)
- He sat with his eyes closed in the chair.
  (그는 의자에서 눈을 감은 채 앉았다.)
- They began to work with their sleeves rolled up.
  (그들은 소매를 걷어붙이고 일을 시작하였다.)

- He stood with his back against the wall.
  (그는 등을 벽에 기댄 채 서 있었다.)
- He spoke with a pipe in his mouth.
  (그는 파이프를 입에 문 채 말했다.)
- The woman came in with a bag under his arm.
  (그 여자는 가방을 옆구리에 끼고 들어왔다.)

1 Going a little farther, he fell with his face to the ground and prayed, "My Father, if it is possible, may this cup be taken from me. Yet not as I will, but as you will." (마26:39)

직역

조금 더 나아갔을 때 그는 얼굴을 땅에 대고 기도하셨다, "나의 아버지여, 가능하다면, 이 잔을 나로부터 떨어지게 하옵소서. 그러나 나의 의지대로 하지 마시고 아버지의 의지대로 하시옵소서."

핵심구조

with + his face + to the ground

※ with his face to the ground는 'with + 목적어 + 전치사구'로 되어 있는 부대 상황이다. '얼굴을 땅에 대고' 의 뜻이다.

단어 및 숙어의 확장

farther: far의 비교급으로 '더 멀리'

의역

조금 나아가사 얼굴을 땅에 대시고 엎드려 기도하여 가라사대 내 아버지여 만일 할만 하시거든 이 잔을 내게서 지나가게 하옵소서 그러나 나의 원대로 마옵시고 아버지의 원대로 하옵소서 하시고.

Chapter 3

부정사와 동명사의 정체를 파악하자

01 to부정사를 목적어로 쓰는 동사가 들어간 문장

중요포인트

형태: want to, hope to, plan to, choose to, decide to, promise to, refuse to, expect to, deserve to, long to,

예시

- I want to be a missionary. (나는 선교사가 되기를 원한다)
- I hope to see you again. (다시 만나기를 바란다)
- He plans to go fishing on weekends. (그는 주말마다 낚시계획을 세운다)
- She chose to run for the Presidential election.
(그녀는 대통령선거에 출마하기로 선택하였다)
- He decided to be a pastor. (그는 목사가 되기로 결정하였다)

- He <u>promised not to</u> smoke again. (그는 다시는 담배를 피우지 않기로 약속하였다)
- They <u>refused to</u> go there. (그들은 거기에 가기를 거절하였다)
- He <u>deserves to</u> have us help him. (그는 도움 받을 자격이 있다)

1 Because Joseph her husband was a righteous man and did not <u>want to</u> expose her to public disgrace, he had in mind to divorce her quietly. (마1:19)

직역

그녀의 남편 요셉은 정의로운 사람이어서 그녀를 대중적 불명예에 노출하고 싶지가 않았기 때문에, 그는 조용히 그녀와 이혼하기로 마음먹었다.

핵심구조

want + to + expose

단어 및 숙어의 확장

형용사 righteous 정의로운, 올바른, 공정한, 정당한
명 사 grace 우아, 우미, 품위, 세련 / disgrace 창피, 불명예, 치욕

의역

그 남편 요셉은 의로운 사람이라 저를 드러내지 아니하고 가만히 끊고자 하여.

2 On Herod's birthday the daughter of Herodias danced for them and pleased Herod so much that he promised with an oath to give her whatever she asked. (마14:6-7)

직역

헤롯의 생일에 헤로디아스의 딸이 그들을 위해 춤을 추었고 헤롯을 너무도 기쁘게 한 나머지 그는 그녀가 원하는 것이면 무엇이든지 그녀에게 주겠다는 맹세를 약속했다.

핵심구조

promise + to + give

단어 및 숙어의 확장

명사 oath 서약, 맹세

의역

헤롯의 생일을 당하여 헤로디아의 딸이 연석 가운데서 춤을 추어 헤롯을 기쁘게 하니 헤롯이 맹세로 그에게 무엇이든지 달라는 대로 주겠다 허락하거늘.

3 If he refuses to listen to them, tell it to the church; and if he refuses to listen even to the church, treat him as you would a pagan or a tax collector. (마18:17)

직역

만약 그가 그들의 말에 귀기울이기를 거절한다면 교회에 말해라. 그가 만약 교회의 말에도 귀기울이기조차 거절한다면 그를 이방인이나 세금징수자처럼 대하라.

핵 심 구 조

refuse + to + listen

단어 및 숙어의 확장

명 사 pagan 이방인 / tax collector 세금징수자

의역

만일 그들의 말도 듣지 않거든 교회에 말하고 교회의 말도 듣지 않거든 이방인과 세리와 같이 여기라.

4 The kingdom of heaven is like a king who <u>wanted to</u> settle accounts with his servants. (마18:23)

직역

천국은 그의 하인들과 셈을 치르기를 원하는 왕과 같다.

핵 심 구 조

want + to + settle

단어 및 숙어의 확장

숙 어 settle accounts with (a person)...아무에게 셈을 치르다, 아무와 셈을 청산하다

의역

천국은 그 종들과 회계하려하던 어떤 임금과 같으니.

5 If you want to be perfect, go, sell your possessions and give to the poor, and you will have treasure in heaven. (마19:21)

직역

만약 완벽해지기를 원한다면, 가서, 너의 소유물을 다 팔아서 가난한 사람들에게 주어라, 그러면 너는 천국에서 보배를 갖게 될 것이다.

핵심구조

want + to + be

단어 및 숙어의 확장

명 사 possessions 소유물

의역

네가 온전하고자 할찐대 가서 네 소유를 팔아 가난한 자들을 주라 그리하면 하늘에서 보화가 네게 있으리라.

6 He agreed to pay them a denarius for the day and sent them into his vineyard. (마20:2)

직역

그는 그날 하루에 대해 1데나리온을 그들에게 지불하는 데에 동의했고 그들을 그의 포도밭에 보냈다.

핵심구조

agree + to + pay

단어 및 숙어의 확장

명사 denarius 데나리온 / vineyard 포도밭

의역

저가 하루 한 데나리온씩 품군들과 약속하여 포도원에 들여보내고,

7 So when those came who were hired first, they expected to receive more. (마20:10)

직역

먼저 고용된 사람들이 왔을 때 그들은 더 많이 받기를 기대하였다.

핵심구조

expect + to + receive

참고
- those 다음에는 people이 생략되어 있다.
- who were hired first는 관계대명사절로서 선행사는 those이다.

의역

먼저 온 자들이 와서 더 받을 줄 알았더니.

8 He sent his servants to those who had been invited to the banquet to tell them to come, but they refused to come. (마22:3)

직역

그는 하인들을 보내서 연회에 초대받은 사람들에게 오라고 했지만, 그들은 가기를 거절하였다.

핵심구조

refuse + to + come

의역

그 종들을 보내어 그 청한 사람들을 혼인 잔치에 오라 하였더니 오기를 싫어하거늘.

9 The wedding banquet is ready, but those I invited did not deserve to come. (마22:8)

직역

결혼식은 준비되었으나 내가 초대한 사람들은 올 자격이 없었다.

핵 심 구 조

deserve + to + come

단어 및 숙어의 확장

동 사 deserve ...할 만하다, 받을 가치가 있다(to+R)

의역

혼인잔치는 예비되었으나 청한 사람들은 합당치 아니하니.

10 O Jerusalem, Jerusalem, you who kill the prophets and stone those ✓ sent to you, how often I have longed to gather your children together, as a hen gathers her chicks under her wings, but you were not willing. (마23:37)

직역

오 예루살렘아, 예루살렘아, 너는 예언자들을 죽이고 너에게 보내진 예언자들을 돌로 쳐서 죽인다, 얼마나 자주 내가 너희 자녀들을 함께 모르려고 애써왔던가, 마치 암탉이 날개 아래로 병아리들을 모으려고 하는 듯이. 그러나 너희들은 그럴려고 하지 않았다.

핵 심 구 조

long + to + gather

단어 및 숙어의 확장

숙 어 long to=...하기를 갈망하다

명 사 chicks 병아리

참고 • those와 sent 사이에 주격관계대명사 that과 be동사 were가 생략되어 있다.

의역

예루살렘아 예루살렘아 선지자들을 죽이고 네게 파송된 자들을 돌로 치는 자여 암탉이 그 새끼를 날개 아래 모음같이 내가 네 자녀를 모으려 한 일이 몇 번이냐 그러나 너희가 원치 아니하였도다.

11 So they decided to use the money to buy the potter's field as a burial place for foreigners. (마27:7)

직역

그래서 그들은 이방인들을 위한 매장장소로 그 토기장이의 밭을 사기 위하여 그 돈을 사용하기로 결심하였다.

핵심구조

decide + to + use

단어 및 숙어의 확장

명사 potter 토기장이 /
burial: bury(매장하다, 묻다)의 명사형, 매장

의역

의논한 후 이것으로 토기장이의 밭을 사서 나그네의 묘지를 삼았으니.

12 After tasting it, he refused to drink it. (마27:34)

직역

그것을 맛보신 후, 그는 그것을 마시기를 거절하셨다.

핵심구조

refuse + to + drink

의역

예수께서 맛보시고 마시고자 아니 하시더라.

02

cause / encourage / force / want / beg / persuade + 목적어 + to R 로 된 문장

cause encourage force want beg persuade	+ 목적어 + to R 로 된 문장

중요포인트

형태: cause + 목적어 + to + R =...로 하여금 −하게 하다
encourage + 목적어 + to + R = ...를 격려하여 −하게 하다
want + 목적어 + to + R = ...가 −하기를 원하다
force + 목적어 + to + R = ...에게 강제로 떠맡기다, 강요하다
beg + 목적어 + to + R = ...에게 −하기를 간청하다
persuade + 목적어 + to + R =...를 설득하여 −하게하다

1 If your right eye <u>causes you to sin</u>, gouge it out and throw it away. (마5:29)

직역

만약 너의 오른쪽 눈이 너로 하여금 죄를 짓게 한다면, 그 눈을 뽑아서 던져버려라.

핵심구조

cause + you + to + sin

의역

만일 네 오른눈이 너로 실족케 하거든 빼어 내버리라.

2 If someone <u>forces you to go</u> one mile, go with him two miles. (마5:41)

직역

만약 누군가가 너에게 1마일을 가자고 강요할 경우, 2마일을 함께 가라.

핵심구조

force + you + to go

의역

누구든지 너로 억지로 오리를 가게 하거든 그 사람과 십 리를 동행하고.

3 He causes his sun to rise on the evil and the good, and sends rain on the righteous and the unrighteous. (마5:45)

직역

그는 악한 자들과 선한 자들에게 그의 태양을 비치시며, 정의로운 자들과 정의롭지 못한 자들에게도 비를 보내주신다.

핵심구조

cause + his sun + to rise

참고
- the+형용사=복수보통명사 the evil은 the evil people, the good은 the good people, the righteous는 the righteous people, the unrighteous는 the unrighteous people을 의미한다.

의역

하나님이 그 해를 악인과 선인에게 비취게 하시며 비를 의로운 자와 불의한 자에게 내리우심이니라.

4 Do you want us to go and pull them up? (마13:28)

직역

당신은 우리가 가서 그들을 뽑아버리기를 원하세요?

핵심구조

want + us + to + go / pull

의역

우리가 가서 이것을 뽑기를 원하시나이까?

5 Herod wanted to kill John, but he was afraid of the people, because they considered him a prophet. (마14:5)

직역

헤롯은 요한을 죽이고 싶었으나 사람들이 두려웠다. 왜냐하면 그들은 요한을 예언자로 생각했기 때문이었다.

핵심구조

want + to + R (kill)

의역

헤롯이 요한을 죽이려 하되 민중이 저를 선지자로 여기므로 민중을 두려워하더니.

6 People brought all their sick to him and begged him to let the sick just touch the edge of his cloak, and all who touched him were healed. (마14:35-36)

직역

사람들은 아픈 사람 모두를 그에게 데려가서 그에게 그의 옷자락을 만지기만이라도 해달라고 간청하였다. 그를 만진 사람은 모두 다 치료받았다.

핵 심 구 조

beg + him + to + let
let + 목적어 (the sick) + R (touch)

단어 및 숙어의 확장

명 사 cloak 망토 / edge 모서리, 가장자리, 주변

의역

사람들이 ...모든 병든 자를 예수께 데리고 와서 다만 예수의 옷가에라도 손을 대게 하시기를 간구하니 손을 대는 자는 다 나음을 얻으니라.

7 But if anyone causes one of these little ones who believe in me to sin, it would be better for him to have a large milestone hung around his neck and to be drowned in the depths of the sea. (마18:6)

직역

만약 나를 믿는 이 어린이들 중 한 명이 죄를 짓도록 하는 자가 있다면 그는 목 둘레에 커다란 연자맷돌을 매고 깊은 바닷속에 익사하는 편이 나을 것이다.

핵 심 구 조

causes + one of.... + to sin

단어 및 숙어의 확장

명 사 milestone 연자맷돌
동 사 drown 익사하다

의역

누구든지 나를 믿는 이 소자 중 하나를 실족케 하면 차라리 연자맷돌을 그 목에 달리우고 깊은 바다에 빠뜨리우는 것이 나으니라.

8 Woe to the world because of the things that cause people to sin! (마18:7)

직역

사람들에게 죄를 짓게 하는 것 때문에 이 세상에 화가 있을진저!

핵심구조

cause + people + to + sin

참고
• woe to...=화 있을진저...화가 있으라!

의역

실족케 하는 일들이 있음을 인하여 세상에 화가 있도다.

9 If your hand or your foot causes you to sin, cut it off and throw it away. (마18:8)

직역

당신의 손이나 발이 당신으로 하여금 죄짓게 한다면 그것을 잘라서 던져버려라.

핵 심 구 조

cause + you + to + sin

의역

만일 네 손이나 네 발이 너를 범죄케 하거든 찍어 내버리라.

10 If your eye causes you to sin, gouge it out and throw it away. (마18:9)

직역

눈이 죄를 짓게 한다면, 눈을 도려내어 던져버려라.

핵 심 구 조

cause + you + to + sin

단어 및 숙어의 확장

동 사 gouge (눈알 따위를) 도려내다

의역

만일 네 눈이 너를 범죄케 하거든 빼어 내버리라.

11 What do you want me to do for you? (마20:32)

직역

너는 내가 너를 위하여 무슨 일을 해주기를 원하느냐?

핵심구조

want + me + to + do

의역

너희에게 무엇을 하여 주기를 원하느냐?

12 Where do you want us to make preparations for you to eat the Passover? (마26:17)

직역

당신은 당신이 유월절 음식먹기 위한 준비를 우리가 어디에서 하기를 원하세요?

핵심구조

want + us + to + make

의역

유월절 잡수실 것을 우리가 어디서 예비하기를 원하시나이까?

13 Which one do you want me to release to you: Barabbas, or Jesus who is called Christ? (마27:17)

직역

너희는 내가 누구를 너희에게 풀어주기를 원하느냐: 바라바이냐 아니면 그리스도라고 불리는 예수이냐?

핵심구조

want + me + to + release

단어 및 숙어의 확장

동사 **명사** release 풀어놓다, 방출하다, 해방하다, 면제하다, 해방하다, 해방, 석방, 면제

의역

너희는 내가 누구를 너희에게 놓아 주기를 원하느냐 바라바냐 그리스도라 하는 예수냐 하니.

14 But the chief priests and the elders persuaded the crowd to ask for Barabbas and to have Jesus executed. (마27:20)

직역

그러나 대제사장들과 장로들은 군중들로 하여금 바라바를 살려주고 예수님을 사형에 집행하라고 요청하도록 설득시켰다.

핵심구조

persuade + the crowd + to + ask

단어 및 숙어의 확장

동 사 execute (사형)집행하다

의역

대제사장들과 장로들이 무리를 권하여 바라바를 달라 하게 하고 예수를 멸하자 하게 하였더니.

15 Which of the two do you <u>want me to release</u> to you? (마27:21)

직역

너희는 내가 두 사람 중에서 누구를 너희에게 석방시켜주기를 원하느냐?

핵심구조

want + me + to + release

단어 및 숙어의 확장

동 사 **명 사** release 풀어주다, 석방하다 / 석방, 해방, 면제

의역

둘 중에 누구를 너희에게 놓아 주기를 원하느냐?

16 As they were going out, they met a man from Cyrene, ✓ named Simon, and they forced him to carry the cross. (마27:32)

직역

박으로 나갔을 때 그들은 구레네 출신 시몬이라는 이름을 가진 한 사람을 만났고 그에게 강제로 십자가를 지게 하였다.

핵심구조

force + him + to + carry

단어 및 숙어의 확장

명사 Cyrene 구레네

참고 • Cyrene와 named 사이에 who was가 생략되어 있다.

의역

나가다가 시몬이란 구레네 사람을 만나매 그를 억지로 같이 가게 하여 예수의 십자가를 지웠더라.

03 사역동사 have, let, make 등이 들어간 문장

중요포인트

형태: have + 목적어 + R
let + 목적어 + R
make + 목적어 + R

1 Then the devil took him to the holy city and had him stand on the highest point of the temple. (마4:5)

직역

그러자 마귀가 그를 거룩한 도시로 데리고 가서 그로 하여금 성전의 가장 높은 곳에 서게 하였다.

핵 심 구 조

have + him + stand

참고 • had가 사역동사이므로 stand 앞에 to가 없다.

의역

이에 마귀가 예수를 거룩한 성으로 데려다가 성전 꼭대기에 세우고.

2 In the same way, let your light shine before men, that they may see your good deeds and praise your Father in heaven. (마5:16)

직역

똑같은 방법으로 너의 불빛을 사람들 앞에서 빛나게 하라, 그들이 너의 선행을 보고 하늘에 계신 너의 아버지를 칭찬할 수 있도록.

핵 심 구 조

let + your light + shine

단어 및 숙어의 확장

명 사 deed 행동, 행위, do의 명사형

참고
• let이 사역동사이므로 shine이 원형이 되었음.
• that 앞에 so가 생략되어 있음.

의역

이같이 너희 빛을 사람 앞에 비취게 하여 저희로 너희 착한 행실을 보고 하늘에 계신 너희 아버지께 영광을 돌리게 하라.

3 When you give to the needy, do not let your left hand know what your right hand is doing, so that your giving may be in secret. (마6:3)

직역

궁핍한 자에게 무언가를 줄 때 너의 오른손이 하는 일을 너의 왼손이 알지 못하게 하라, 너의 베풂이 비밀리에 이루어지도록.

핵심구조

let + your left hand + know

단어 및 숙어의 확장

명사 the needy=needy people=궁핍한 자들

숙어 in secret 비밀리에, 남모르게

참고
- let이 사역동사이므로 know가 원형이 되었음.
- so that ~ may = ~하기 위하여

의역

너는 구제할 때에 오른손의 하는 것을 왼손이 모르게 하여 네 구제함이 은밀하게 하라.

4 "Lord, if you are willing, you can make me clean." (마8:2)

직역

"주님, 당신이 하시고자 하시면, 당신은 저를 깨끗하게 하실 수 있습니다."

핵 심 구 조

make + me + clean

참고 • make가 사역동사이므로 목적어 me 다음에 오는 clean 앞에는 to가 없다.

의역

주여 원하시면 저를 깨끗케 하실 수 있나이다.

5 "Lord, I do not deserve to have you come under my roof. (마8:8)

직역

주님, 저는 당신으로 하여금 저의 지붕(집)아래로 오시게 할만한 자격이 못됩니다.

핵 심 구 조

have + you + come

단어 및 숙어의 확장

숙 어 deserve to=...할 만한 가치가 있다

참고 • have(사역동사)+목적어(사람)+동사원형의 형태이다.

의역

주여 내 집에 들어오심을 나는 감당치 못하겠사오니.

6 Another disciple said to him, "Lord, first let me go and bury my father." But Jesus told him, "Follow me, and let the dead bury their own dead." (마8:21-22)

직역

또다른 제자가 그에게 말했다. "주님, 먼저 저로 하여금 가서 저의 아버지를 매장하게 해주십시오." 그러나 예수님은 그에게 말했다. "나를 따르라, 죽은 자들로 하여금 그들 자신의 죽은 자들을 매장하게 하라."

핵심구조

let + me + go / bury // let + the dead + bury

단어 및 숙어의 확장

동 사 bury 묻다, 매장하다

참고 • let이 사역동사이므로 go와 bury의 앞에 to가 없다.

의역

제자 중에 또 하나가 가로되 주여 나로 먼저 가서 내 부친을 장사하게 허락하옵소서 예수께서 가라사대 죽은 자들로 저희 죽은 자를 장사하게 하고 너는 나를 좇으라 하시니라.

7 If the home is deserving, let your peace rest on it; if it is not, let your peace return to you. (마10:13)

직역

만약 그 집이 합당하면 너희 평화를 그 집에 두도록 하라/ 만약 그렇지 않으면, 너의 평화가 너에게 돌아가게 하라.

핵심구조

let + your peace + rest / let + your peace + return

단어 및 숙어의 확장

형용사 deserving 합당한

의역

그 집이 이에 합당하면 너희 빈 평안이 거기 임할 것이요 만일 합당치 아니하면 그 평안이 너희에게 돌아올 것이니라.

8 Brother will betray brother to death, and a father his child; children will rebel against their parents and have them put to death. (마10:21)

직역

형제는 형제를 배신하여 죽게 할 것이고 아버지는 자식을 배신하여 죽게 할 것이다. 자식들은 부모에게 대항해서 죽게 할 것이다.

핵 심 구 조

have + them + put

단어 및 숙어의 확장

숙 어 put to death 죽이다, 처형하다

예) The murderer was put to death. (그 살인범은 사형에 처해졌다)

명 사 rebel 반역자, 모반자

동 사 모반하다, 배반하다, 반항하다

참고 • have가 사역동사이므로 put이 원형으로 되어 있다.

의역

장차 형제가 형제를, 아비가 자식을 죽는 데 내어 주며 자식들이 부모를 대적하여 죽게 하리라.

9 Let both grow together until the harvest. (마13:30)

직역

둘 다 추수 때까지 함께 자라도록 내버려둬라.

핵 심 구 조

let + both + grow

참고 • let이 사역동사이므로 grow가 원형으로 되어 있다.

의역

둘 다 추수 때까지 함께 자라게 두어라.

10 Immediately Jesus made the disciples get into the boat and go on ahead of him to the other side, while he dismissed the crowd. (마14:22)

직역

즉시 예수님은 제자들로 하여금 배에 들어가서 다른 쪽으로 자신의 앞에 가도록 하셨다. 한편 그는 군중을 해산시켰다.

핵심구조

make + the disciples + get / go

단어 및 숙어의 확장

숙어 ahead of --의 앞에

동사 dismiss 해산시키다, 해고하다

참고 • made가 사역동사이므로 get과 go가 원형으로 되어 있다.

의역

예수께서 즉시 제자들을 재촉하사 자기가 무리를 보내는 동안에 배를 타고 앞서 건너편으로 가게 하시고.

11 People brought all their sick to him and begged him <u>to let the sick just touch</u> the edge of his cloak, and all who touched him were healed. (마14:35-36)

직역

사람들은 아픈 사람 모두를 그에게 데려가서 그에게 그의 옷자락을 만지기만이라도 해달라고 간청하였다. 그를 만진 사람은 모두 다 치료받았다.

핵심구조

let + the sick + touch / beg + him + to + let

의역

그곳 사람들이 예수신 줄을 알고 그 근방에 두루 통지하여 모든 병든 자를 예수께 데리고 와서 다만 예수의 옷가에라도 손을 대게 하시기를 간구하니 손을 대는 자는 다 나음을 얻으니.

12 He called a little child and <u>had him stand</u> among them. (마18:2)

직역

그는 어린이를 불러서 그들 사이에 서게 하였다.

핵심구조

have + him + stand

참고
• had+목적어+R, stand가 원형으로 쓰였다. (목적어가 사람일 경우에는 원형이 온다)

의역

예수께서 한 어린아이를 불러 저희 가운데 세우시고.

13 But if anyone causes one of these little ones who believe in me to sin, it would be better for him to have a large milestone hung around his neck and to be drowned in the depths of the sea. (마18:6)

직역

만약 나를 믿는 이 어린이들 중 한 명이 죄를 짓도록 하는 자가 있다면 그는 목둘레에 커다란 연자맷돌을 매고 깊은 바다 속에 익사하는 편이 나을 것이다.

핵심구조

have + a milestone + hung

단어 및 숙어의 확장

명사 milestone 연자맷돌

동사 drown 익사하다

참고
• have+목적어(사물)+pp. (목적어가 사물일 경우에는 과거분사(pp.)가 온다)

의역

누구든지 나를 믿는 이 이 소자 중 하나를 실족케 하면 차라리 연자맷돌을 그 목에 달리우고 깊은 바다에 빠뜨리우는 것이 나으니라.

14 The servant's master took pity on him, canceled the debt and let him go. (마18:27)

직역

그 하인의 주인은 그에게 자비를 베풀고 빚을 취소해주며 가도록 했다.

핵심구조

let + him + go

단어 및 숙어의 확장

동 사 cancel 취소하다, 지우다, 삭제하다, 상쇄하다, 소멸시키다

명 사 취소, 해제

의역

그 종의 주인이 불쌍히 여겨 놓아 보내며 그 빚을 탕감하여 주었더니.

15 Jesus said, "Let the little children come to me." (마19:14)

직역

예수님이 말씀하셨다, "그 어린아이들로 하여금 나에게 오게 하라."

핵심구조

let + the children + come

의역

예수께서 가라사대 어린아이들을 용납하고 내게 오는 것을 금하지 말라.

16 They love to be greeted in the marketplaces and to have men call them 'Rabbi.' (마23:7)

직역

그들은 시장에서 인사 받는 것을 좋아하며 사람들이 자신들을 '선생님'이라고 부르게 하기를 좋아한다.

핵심구조

have + men + call

단어 및 숙어의 확장

동 사 greet ...에게 인사하다, 맞이하다, 환영하다

참고 • have가 사역동사이므로 call 앞에 to가 없다.

의역

시장에서 문안 받는 것과 사람에게 랍비라 칭함을 받는 것을 좋아하느니라.

17 You yourselves do not enter, nor will you let those enter who are trying to. (마23:13)

직역

너희는 너희들 자신이 들어가지 않고, 노력하려는 사람들이 들어가게 하지도 않을 것이다.

핵 심 구 조

let + those + enter

참고

- trying to 다음에는 enter가 생략되어 있다.
- those 다음에는 people이 생략되어 있다.
- let이 사역동사이므로 enter 앞에 to가 없다.
- nor will you let those enter who are trying to는 도치된 문장으로서 바르게 하면, you will not let those enter who are trying to가 된다.

의역

너희도 들어가지 않고 들어가려 하는 자도 들어가지 못하게 하는도다.

18 So when you see standing in the holy place 'the abomination that causes desolation,' spoken of through the prophet Daniel — let the reader understand — then let those who are in Judea flee to the mountains. (마24:15-16)

직역

그래서 너희가 예언자 다니엘을 통해서 말되어진 황폐함을 야기시키는 혐오감이 거룩한 장소에 서 있는 것을 볼 때에(독자가 이해하도록 하라) – 유대에 있는 사람들로 하여금 산으로 도망치게 하라.

핵 심 구 조

let + the reader + understand

단어 및 숙어의 확장

명 사 abomination 혐오, 가증한 일 /
desolation 황폐, 황량, 폐허, 쓸쓸함, 외로움

동 사 abominate 혐오하다 / flee 도망가다

참고
- let은 사역동사로서 flee의 앞에 to가 없다.
- that은 주격관계대명사로서 선행사는 abomination이다.
- when이하의 부사절에서 see의 목적어는 'the abomination that causes desolation,' spoken of through the prophet Daniel이다. standing은 목적보어이다.

의역

그러므로 너희가 선지자 다니엘의 말한바 멸망의 가증한 것이 거룩한 곳에 선 곳을 보거든 (읽는 자는 깨달을찐저) 그 때에 유대에 있는 자들은 산으로 도망할찌어다.

19 Let no one on the roof of his house go down to take anything out of the house. (마24:17)

직역

그의 집의 지붕위에 있는 그 누구도 내려가서 그 집에서 어떤 것도 가지고 나오지 못하게 하라.

핵심구조

let + no one + go

참고 • let은 사역동사로서 go의 앞에 to가 없다.

의역

지붕 위에 있는 자는 집 안에 있는 물건을 가질러 내려가지 말며.

20 Let no one in the field go back to get his cloak. (마24:18)

직역

들판에 있는 그 누구도 돌아가서 그의 망토를 얻게 하지 말라

핵심구조

let + no one + go

단어 및 숙어의 확장

명 사 cloak 망토

의역

밭에 있는 자는 겉옷을 가질러 뒤로 돌이키지 말찌어다.

21 All the people answered, "Let his blood be on us and on our children !" (마27:25)

직역

모든 사람들이 대답했다, "그의 피를 우리와 우리 자녀들에게 있게 하라!"

핵심구조

let + his blood + be

의역

백성이 다 대답하여 가로되 그 피를 우리와 우리 자손에게 돌릴찌어다 하거늘.

22 Then he released Barabbas to them. But he had Jesus flogged, and handed him over to be crucified. (마27:26)

직역

그래서 그는 바라바를 그들에게 풀어주었다. 그러나 그는 예수님을 채찍질하도록 시켰으며, 예수님을 십자가에 못 박도록 그들에게 넘겨주었다.

핵심구조

have + Jesus + flogged

단어 및 숙어의 확장

동 사 mrelease 풀어주다, 해방하다, 석방하다, 면제하다 / flog 채찍질하다 (=whip) / crucify 십자가에 못 박다

숙 어 hand over=넘겨주다

목적어가 사물일 경우에는 과거분사가 온다

예1) I had my hair <u>cut</u> yesterday.

(어제 머리카락을 잘랐다)(미용실에서)

예2) He had his purse <u>stolen</u> in the bus.

(그는 버스에서 지갑을 도난당했다)

참고

- have+목적어(사람)+R

그러나 목적어가 사람일 경우에는 동사의 원형이 온다

예1) He had his wife die. (그는 사별했다)

예2) She had his son clean his room. (그녀는 아들에게 그의 방을 청소하도록 시켰다)

예3) He had his son wash his car. (그는 아들에게 세차를 시켰다)

질문사항 Q: 그런데 위의 성경구절에서는 목적어가 Jesus로 사람인데 왜 flogged라는 과거분사가 왔을까?

Answer: 목적어가 사람일 때 동사원형이 오는 경우에는 동사원형에 대하여 목적어가 주체가 될 경우에 해당된다. 위의 예문1)에서 "그의 아내가 사망하였다" 예문2)에서는 "그의 아들이 청소를 했다" 예문3)에서는 "그의 아들이 세차했다." 그러나 He had Jesus flogged. 라는 문장에서 He는 빌라도(Pilate)이다. '매를 맞는' 사람은 예수님이다. 'flog'의 주체가 예수님이 아니라 유대인들이다. 따라서 'flog'를 쓰면 안 되고 'flogged'를 써야 알맞다. 만약 'flog'를 사용하면 예수님이 누군가를 '매질'하게 된다.

의역

이에 바라바는 저희에게 놓아 주고 예수는 채찍질하고 십자가에 못 박히게 넘겨 주니라.

23 Let him come down now from the cross, and we will believe in him! (마27:42)

직역

그로 하여금 지금 십자가에서 내려오게 하라, 그러면 우리는 그를 믿겠다!

핵심구조

let + him + come

의역

지금 십자가에서 내려올찌어다 그러면 우리가 믿겠노라.

24 Let God rescue him now if he wants him, for he said, "I am the Son of God." (마27:43)

직역

하나님으로 하여금 지금 만약 그가 예수님을 원하신다면 그를 구출하게 하라, 왜냐하면 "나는 하나님의 아들이다"고 예수님이 말했기 때문이다.

핵심구조

let + God + rescue

단어 및 숙어의 확장

동 사 rescue 구출하다, 구하다

의역

하나님이 저를 기뻐하시면 이제 구원하실찌라 제 말이 나는 하나님의 아들이라 하였도다 하며.

25 As evening approached, there came a rich man from Arimathea ✓ named Joseph, who had himself become a disciple of Jesus. (마27:57)

직역

저녁이 다가오자, 아마티아에서 온 요셉이라는 이름을 가진 부자가 와서 자신을 예수님의 제자로 만들었다.

핵심구조

have + himself + become

단어 및 숙어의 확장

동 사 approach 다가가다, 접근하다

참고

- have+목적어(사람)+R
- Arimathea와 named 사이에 who 또는 that was가 생략되어 있다.

의역

저물었을 때에 아리마대 부다 요셉이라 하는 사람이 왔으니 그도 예수의 제자라.

04

동명사를 목적어로 쓰는 동사가 들어간 문장

중요포인트

형태: finish + R~ing
mind + R~ing
enjoy + R~ing
give up + R~ing
deny + R~ing

예시

- Have you <u>finished reading</u> the book? (책읽기를 끝냈느냐?)
- Would you <u>mind opening</u> the door? (문 좀 열어줄래?)
- I <u>enjoy singing</u> gospel songs. (나는 복음성가 부르기를 즐긴다)
- She <u>denied being</u> of God in the world.
  (그녀는 이 세상에 하나님이 존재하심을 부인했다)

1 I tell you the truth, you will not finish going through the cities of Israel before the Son of Man comes. (마10:23)

직역

내가 진실로 너희에게 이르노니, 너희는 사람의 아들이 오기 전까지 이스라엘의 모든 도시들을 돌아다니는 것을 끝내지 못할 것이다. (=이스라엘의 모든 도시를 다 돌아다니는 것을 끝낸 후에야 인자가 올 것이다)

핵심구조

finish + going

의역

내가 진실로 너희에게 이르노니 이스라엘의 모든 동네를 다 다니지 못하여서 인자가 오리라.

2 After Jesus had finished instructing his twelve disciples, he went on from there to teach and preach in the towns of Galilee. (마11:1)

직역

열두 제자들에게 가르치기를 끝마치신 후, 예수님은 가르치고 설교하기 위하여 갈릴리지방의 마을들에서 가르치고 설교하기 위하여 그곳을 떠나셨다.

핵 심 구 조

finish + instructing

의역

예수께서 열두 제자에게 명하시기를 마치시고 이에 저희 여러 동네에서 가르치시며 전도하시려고 거기를 떠나가시니라.

3 When Jesus had finished saying these things, he left Galilee and went into the region of Judea to the other side of the Jordan. (마19:1)

직역

이러한 것들을 말씀하심을 끝낸 예수님은 갈릴리를 떠나시고 요르단의 다른 쪽에 있는 유대지역으로 들어가셨다.

핵 심 구 조

finish + saying

의역

예수께서 이 말씀을 마치시고 갈릴리에서 떠나 요단강 건너 유대 지경에 이르시니.

4 When Jesus had finished saying all these things, he said to his disciples, "As you know, the Passover is two days away — and the Son of Man will be handed over to be crucified. (마26:1)

직역

이러한 모든 말씀을 끝마치신 후, 예수님은 제자들에게 말씀하셨다, "알다시피, 유월절이 이틀 남았다 — 사람의 아들이 인계되어 십자가에 못박힐 것이다.

핵심구조

finish + saying

단어 및 숙어의 확장

숙 어 hand over 건네주다, 양도하다, 인계하다

명 사 passover 유월절

동 사 crucify 십자가에 못 박다

의역

예수께서 이 말씀을 다 마치시고 제자들에게 이르시되 너희의 아는 바와 같이 이틀을 지나면 유월절이라 인자가 십자가에 못박히기 위하여 팔리우리라 하시더라.

05

동명사가 들어간 관용구

중요포인트

> 형태: On + R~ing = ...하자마자
> keep + R~ing = 계속해서...하다

On...ing는 ...하자마자의 뜻으로서 As soon as+주어+동사와 같다.

예시

- On hearing the news, she burst into tears.
  =As soon as she heard the news, she burst into tears.
  (소식을 듣자마자 그녀는 눈물을 터트렸다)
- Please keep studying English hard from now on.
  (제발 지금부터 영어를 계속 열심히 공부해라)

1 On coming to the house, they saw the child with his mother Mary, and they bowed down and worshipped him.

(마2:11)

마리아방문교회

직역

그 집에 가자마자, 그들은 그 아기가 어머니 마리아와 함께 있는 것을 보았다. 그래서 그들은 인사를 드리고 예배를 드렸다.

핵심구조

on + coming

단어 및 숙어의 확장

동 사 bow (인사, 예배를 위해) 머리를 숙이다, 허리를 굽히다, 절하다
명 사 bow 절, 경례, 몸을 굽힘
숙 어 bow down 인사하다

의역

집에 들어가 아기와 그 모친 마리아의 함께 있는 것을 보고 엎드려 아가께 경배하고.

2 On hearing this, Jesus said, "It is not the healthy who need a doctor, but the sick." (마9:12)

직역

이것을 듣자마자 예수님은 말씀하셨다. "의사가 필요한 자는 건강한 자들이 아니라 병든 자들이다."

핵심구조

on + hearing

단어 및 숙어의 확장

명 사 the healthy=healthy people=건강한 사람들
the sick=sick people=아픈 사람들, 환자들

의역

예수께서 들으시고 이르시되 건강한 자에게는 의원이 쓸데없고 병든 자에게라야 쓸 데 있느니라.

3 So his disciples came to him and urged him, "Send her away, for she keeps crying out after us." (마15:23)

직역

그리하여 그의 제자들이 그에게 와서 주장하였다. "저 여자를 보내시오, 왜냐하면 저 여자가 우리를 따라오면서 계속 소리쳐 울기 때문입니다."

핵심구조

keep + crying

단어 및 숙어의 확장

동 사 urge 재촉하다, 주장하다, 강조하다, 역설하다, 설득하다

의역

제자들이 와서 청하여 말하되 그 여자가 우리 뒤에서 소리를 지르오니 보내소서.

06 부정사와 동명사 둘 다를 목적어로 취하는 동사

forget과 remember

중요포인트

형태: forget (remember) + ...R~ing = 과거의 일
forget (remember) + to R = 미래의 일

예시

- He forgot mailing the letter.
(그는 편지 부쳤던 사실을 잊었다)(이미 편지를 부쳤음)
- He forgot to mail the letter.
(그는 편지 부쳐야 한다는 사실을 잊었다.)(아직 편지를 안 부쳤음)
- I remember meeting her.
(나는 그 여자를 만났던 일이 기억난다)(이미 만났음)
- I remember to meet her.
(나는 그 여자를 만나야 한다는 사실이 기억난다)(아직 안 만남)

1 When they went across the lake, the disciples forgot to take bread. (마16:5)

직역

호수를 가로질러 건너갔을 때 제자들은 빵을 가져가야한다는 사실을 잊었다.

핵심구조

forget + to + take

참고
- forgot to take는 미래를 나타낸다.

의역

제자들이 건너편으로 갈새 떡 가져가기를 잊었더니.

Chapter 4

shall과 should를 정리하자

중요포인트

형태: You shall die ! = I will let you die !

"너 죽었어!(You shall die!)": 2인칭, 3인칭에서 쓰이는 shall의 용법
2, 3인칭에서 쓰이는 shall은 말하는 사람(화자)의 의지를 표현한다.

예시

- Mosquitoes, you shall die.=I will kill you.
  (모기들이여, 너희들은 죽었다! =나는 너희를 살해할 것이다)
- He shall clean my room.=I will let him clean my room.
  (나는 그에게 나의 방청소를 시킬 것이다)

1 This shall never happen to you. (마16:22)

직역

나는 이런 일이 당신에게 결코 일어나지 않도록 할 것이다.

핵심구조

3인칭주어 this + shall

단어 및 숙어의 확장

숙어 happen to 우연히...하다, 마침...하다
예) I happened to meet one of my old friends there. (거기에서 우연히 옛 친구 중 한 명을 만났다)

참고

• I will never let this happen to you.의 뜻이다.

의역

이 일이 결코 주에게 미치지 아니하리이다.

중요포인트

형태: You should have arrived at 10.
He suggested that they should take part in the chapel service.

*should + have + pp 가 쓰인 문장
해석방법: ...했어야 했는데 (과거에 안 해서 유감이다)

예시

- You should have arrived at 10:00, but you didn't turn up and we missed the bus. (넌 열 시에 도착했었어야 했다)(그러나 안 와서 우리가 버스를 놓쳤다)

*조동사 should의 용법

*주장, 제안, 명령, 요구 등의 동사 (insist, suggest, propose, order, command)가 이끄는 that 절 이하에는 반드시 should를 쓴다. (그러나 미국영어에서는 생략가능하다) (should는 해석 안 함)

- I suggest that we (should) take part in the meeting.
(나는 우리가 그 모임에 참석할 것을 제안한다)

- He proposed that his daughter (should) be a pastor.
  (그는 딸이 목사가 되기를 제안하였다)
- They insisted that he (should) be a president in the Bible study group.
  (그들은 그가 성경공부모임에서 회장이 되기를 주장하였다)

1 Since he was not able to pay, the master ordered that he and his wife and his children and all that he had ✓ be sold to repay the debt. (마18:25)

직역

그가 지불할 수 없었기 때문에 주인은 그와 그의 아내와 아이들, 그리고 그가 가진 모든 것을 팔아서 그 빚을 다시 갚으라고 명령하였다.

핵심구조

order + that + 주어 + (should) + be

단어 및 숙어의 확장

명사 **동사** debt 빚 ('b'는 묵음) 빚을 지다.

참고
- order라는 명령을 나타내는 동사가 쓰였기 때문에 that이하의 절에서 had와 be 사이에 조동사 should가 생략되어 있다. (pp.63-64 참고)

의역

갚을 것이 없는지라 주인이 명하여 그 몸과 처와 자식들과 모든 소유를 다 팔아 갚게 하라 한 대.

2 Why did Moses <u>command</u> that a man ✓ give his wife a certificate of divorce and send her away? (마19:7)

직역

왜 모세는 남자는 이혼장을 아내에게 주어서 보내라고 명령했는가?

핵심구조

command + that + 주어 + (should) + give / send

단어 및 숙어의 확장

동 사 command 명령하다

명 사 certificate 수료증, 증명서

참고
- command라는 명령을 나타내는 동사가 쓰였기 때문에 that이하의 절에서 man과 give 사이에 조동사 should가 생략되어 있다.

의역

어찌하여 모세는 이혼 증서를 주어서 내어 버리라 명하였나이까?

3 Going to Pilate, he asked for Jesus' body, and Pilate <u>ordered</u> that it ✓ be given to him. (마27:58)

직역

빌라도에게 간 후 그는 예수님의 시신을 요청하자 빌라도는 그에게 주라고 명령하였다.

핵심구조

order + that + 주어 + (should) + be

참고
- 여기에서 body는 예수님의 시신을 의미한다.
- order라는 명령을 나타내는 동사가 쓰였기 때문에 that이하의 절에서 it과 be 사이에 조동사 should가 생략되어 있다.

의역

빌라도에게 가서 예수의 시체를 달라 하니 이에 빌라도가 내어 주라 분부하거늘

Chapter 5

도치와 생략을 파악하자

중요포인트

형태: 뜻을 강조하기 위해 목적어, 보어, 부사 (구)를 문장의 맨 앞에 둔다

[도치된 경우]

1 So was fulfilled what the Lord had said through the prophet.(마2:15)

직역

그 예언자를 통하여 하나님이 말씀하셨던 것이 그렇게 성취되었다.

핵심구조

보어 So + 동사 + 주어(what이하)

참고
- 이 문장을 바르게 배치하면, What the Lord had said through the prophet was fulfilled so.가 된다. 보어인 so가 강조되었다.

의역

이는 주께서 선지자로 말씀하신바...함을 이루려 하심이니라.

2 "This is my Son, whom I love; with him I am well pleased."(마3:17)

직역

이는 나의 아들이라, 내가 그를 사랑하는도다; 나는 그를 매우 기뻐한다.

핵심구조

부사구 with him + 주어 I + 동사 am pleased

참고
• 바르게 배치하면, I am well pleased with him.이 된다. 부사구 with him이 강조되었다.

의역

이는 내 사랑하는 아들이요 내 기뻐하는 자라.

3 "All this I will give you" he said.(마4:9)

직역

이 모든 것을 너에게 주겠다.

핵심구조

목적어 All this + 주어 I + 동사 will give

참고
• 바르게 배치하면, I will give you all this.이다. 목적어 All this를 강조한 것이다.

의역

가로되 이 모든 것을 네게 주리라.

4 A bruised reed he will not break, and a smoldering wick he will not snuff out, till he leads justice to victory. (마12:20)

직역

그는 상한 갈대도 꺾지 않으시고, 끓는 악을 소멸시키지도 않으실 것이다, 정의를 승리로 이끄실 때까지.

핵심구조

목적어 a bruised reed + 주어 he + 동사 will not break /
목적어 a smoldering wick + 주어 he + 동사 will not snuff

단어 및 숙어의 확장

동 사 smolder (분노, 불만 등이)끓다, (억압된 감정이)밖으로 나타나다 / bruise 타박상을 입히다, 멍들게 하다, 감정을 상하게 하다, 마음을 아프게 하다

숙 어 snuff out 꺾다, 멸하다, 탄압하다, 소멸시키다, 진압하다, 없애버리다

명 사 reed 갈대

참고

- 바르게 배열하면, He will not break a bruised reed, and he will not snuff out a smoldering wick, till he leads justice to victory. 목적어 a bruised reed와 a smoldering wick이 강조되었다.

의역

상한 갈대를 꺾지 아니하며 꺼져 가는 심지를 끄지 아니하기를 심판하여 이길 때까지 하리니.

5 산상수훈(The Beatitudes)

예수님의 팔복은 세속적 복의 개념과 대립됨

팔복을 통해서 가난함, 애통함, 온유함, 굶주림, 긍휼함, 청결함, 화평함, 핍박받음을 복으로 선언하신다.

❶ Blessed are the poor in spirit, for theirs is the kingdom of heaven. (마5:3)

직역

영혼이 가난한 사람들은 복되다. 천국이 그들의 것이기 때문이다.

성경해설 물질적인 것보다는 마음의 상태를 가리킨다. 심령이 가난한 자란 가난한 자의 종교적 도덕적 성품을 두고 한 말이다. 천국을 물질적으로 가난한 자가 아닌 스스로 부족함을 깨닫고 하나님의 은혜에 의지하는 자에게 허락된다.

핵심구조

보어 blessed + 동사 are + 주어 the poor...

참고

- 바르게 배열하면 The poor in spirit are blessed, for the kingdom of heaven is theirs. 보어 blessed가 강조되었다.

의역

심령이 가난한 자는 복이 있나니 천국이 저희 것임이요.

❷ Blessed are those who mourn, for they will be comforted. (마5:4)

직역

슬퍼하는 자들은 복되다. 위로를 받을 것이기 때문이다.

성경해설 슬픔이 현상 자체를 슬퍼하는 것이 아니라 하나님의 의가 실행되지 않아서 느껴지고 경험되는 슬픔을 의미한다.

핵심구조

보어 blessed + 동사 are + 주어 those ...

단어 및 숙어의 확장

동사 mourn 슬퍼하다, 한탄하다, 애도하다 / comfort 위로하다, 안락하게 하다

참고
• 바르게 배열하면 Those who mourn are blessed, for they will be comforted. 보어 blessed가 강조되었다.

의역

애통하는 자는 복이 있나니 저희가 위로를 받을 것임이요.

❸ Blessed are the meek, for they will inherit the earth. (마5:5)

직역

순한 자들은 복되다. 땅을 유산으로 받을 것이기 때문이다.

성경해설 'meek'은 히브리어로 '가난'과 같은 단어이다. 즉 온유와 가난은 유사한 의미이다. 땅을 유산으로 받는 것은 궁극적으로 약속된 땅, 즉 천국이다.

핵 심 구 조

보어 blessed + 동사 are + 주어 the meek

단어 및 숙어의 확장

명 사 the meek=meek people=유순한 사람들
동 사 inherit 상속하다, 물려받다, 유전하다

참고 • 바르게 배열하면, The meek are blessed, for they will inherit the earth. 보어 blessed가 강조되었다.

의역

온유한 자는 복이 있나니 저희가 땅을 기업으로 받을 것임이요.

❹ Blessed are those who hunger and thirst for righteousness, for they will be filled. (마5:6)

직역

정의에 굶주리고 목말라하는 사람들은 복되다. 충족될 것이기 때문이다.
성경해설 구약에서 '의'는 하나님의 구원행위를 가리킴.

핵 심 구 조

보어 blessed + 동사 are + 주어 those

단어 및 숙어의 확장

명 사 righteousness 정의, 올바름, 정직, 공정
형용사 righteous 올바른, 공정한, 정의의, 정직한

참고 • 바르게 배열하면, Those who hunger and thirst for righteousness are blessed, for they will be filled. 이다. 보어 blessed가 강조되었다.

의역

의에 주리고 목마른 자는 복이 있나니 저희가 배부를 것임이요.

❺ Blessed are the merciful, for they will be shown mercy. (마5:7)

직역

자비를 베푸는 자들은 복되다. 자비를 받을 것이기 때문이다.

성|경|해|설 어려운 자들을 동정하고 친절을 베푸는 것. 종교의식보다는 이웃에게 자비를 베푸는 것이 더 중요하다.

핵심구조

보어 blessed + 동사 are + 주어 the merciful

단어 및 숙어의 확장

명 사 the merciful=merciful people=자비로운 사람들

참고 • 바르게 배열하면, The merciful are blessed, for they will be shown mercy.이다. 보어 blessed가 강조되었다.

의역

긍휼히 여기는 자는 복이 있나니 저희가 긍휼히 여김을 받을 것임이요.

❻ Blessed are the pure in heart, for they will see God. (마5:8)

직역

마음이 순수한 사람들은 복되다. 하나님을 뵈올 것이기 때문이다.
성경해설 단순한 마음을 지닌 자를 의미한다.

핵심구조

보어 blessed + 동사 are + 주어 the pure

단어 및 숙어의 확장

명사 the pure=pure people=순수한 사람들

참고
• 바르게 배열하면, The pure in heart are blessed, for they will see God.이다. 보어 blessed가 강조되었다.

의역

마음이 청결한 자는 복이 있나니 저희가 하나님을 볼 것임이요.

❼ Blessed are the peacemakers, for they will be called sons of God. (마5:9)

직역

평화를 만드는 자들은 복되다. 하나님의 아들이라고 불리울 것이기 때문이다.
성경해설 평화를 만드는 자, 하나님과 화목하는 것을 의미한다.

핵 심 구 조

보어 blessed + 동사 are + 주어 the peacemakers

참고 • 바르게 배열하면, The peacemakers are blessed, for they will be called sons of God. 이다. 보어 blessed가 강조되었다.

의역

화평케 하는 자는 복이 있나니 저희가 하나님의 아들이라 일컬음을 받을 것임이요.

❽ Blessed are those who are persecuted because of righteousness, for theirs is the kingdom of heaven. (마5:10)

직역

정의 때문에 박해를 받은 사람들은 복되다. 천국이 그들의 것이기 때문이다.

성|경|해|설 하나님의 구원과 뜻을 따르는 자들이 받게 될 핍박을 의미함.

핵 심 구 조

보어 blessed + 동사 are + 주어 those

단어 및 숙어의 확장

동 사 persecute 박해하다, 학대하다, 성가시게 요구하다, 괴롭히다

참고 • 바르게 배열하면, Those who persecuted because of righteousness are blessed, for the kingdom of heaven is theirs. 이다. 보어 blessed가 강조되었다.

의역

의를 위하여 핍박을 받은 자는 복이 있나니 천국이 저희 것임이라.

⑨ Blessed are you when people insult you, persecute you and falsely say all kinds of evil against you because of me. (마5:11)

직역

나 때문에 사람들의 모욕과 박해와 거짓된 모든 종류의 악을 겪는 사람들은 복되다.

핵심구조

보어 blessed + 동사 are + 주어 you

단어 및 숙어의 확장

동사 insult 모욕하다, ...에게 무례한 짓을 하다, 헤치다
명사 insult 모욕, 무례, 모욕행위
부사 falsely 그릇되게, 틀리게, 불법으로, 허위로, 거짓으로
숙어 because of=... 때문에

참고
- 바르게 배열하면, You when people insult you, persecute you and falsely say all kinds of evil against you because of me are blessed.이다. 보어 blessed가 강조되었다.

의역

나를 인하여 너희를 욕하고 핍박하고 거짓으로 너희를 거스려 모든 악한 말을 할 때에는 너희에게 복이 있나니.

⑩ Rejoice and be glad, because great is your reward in heaven, ... (마5:12)

팔복교회

직역

기뻐하고 즐거워하라, 하늘에서 받을 보답이 크기 때문이다.

핵심구조

보어 great + 동사 is + 주어 your reward

단어 및 숙어의 확장

명사 reward 보답, 답례, 보수

동사 reward 보답하다, 보수를 주다 / rejoice 기뻐하다, 좋아하다, 축하하다

참고

- 바르게 배열하면, Rejoice and be glad, because your reward in heaven is great이다. 보어 great가 강조되었다.

의역

기뻐하고 즐거워하라 하늘에서 너희의 상이 큼이라.

6 Enter through the narrow gate. For wide is the gate and broad is the road that leads to destruction, and many enter through it. But small is the gate and narrow the road that leads to life, and only a few find it. (마7:13-14)

직역

좁은 문으로 들어가라. 파멸로 이끄는 문과 길은 넓어서 들어가는 사람이 많기 때문이다. 그러나 생명으로 인도하는 문과 길은 작고 좁아서 극소수만이 그 길을 발견한다.

핵심구조

보어 wide + 동사 is + 주어 the gate
보어 broad +동사 is + 주어 the road
보어 small + 동사 is + 주어 the gate
보어 narrow + 생략된 동사 is + 주어 the road

단어 및 숙어의 확장

명사 destruction 파멸, 파괴, 분해, 전멸, 멸망

참고

- 보어가 되는 wide, broad, small이 동사 앞으로 와서 도치되었다.
- 바르게 배열하면, For the gate is wide and the road that leads to destruction is broad......But the gate is small and the road that leads to life is narrow...이다.

의역

좁은 문으로 들어가라 멸망으로 인도하는 문은 크고 그 길이 넓어 그리로 들어가는 자가 많고 생명으로 인도하는 문은 좁고 길이 협착하여 찾는 이가 적음이니라.

7 Neither do men pour new wine into old wineskins. (마9:17)

직역

새 포도주를 낡은 포도주 가죽부대에 쏟아 붓는 사람은 아무도 없다.

핵심구조

부정어 neither + 조동사 do + 주어 men

단어 및 숙어의 확장

명사 wineskin 포도주용 가죽부대

참고
- 부정어 neither가 문장의 앞에 옴으로써 주어 men과 조동사 do가 도치되었다.
neither는 부정문의 뒤 또는 부정의 절 뒤에서 neither+(조)동사 + 주어의 어순이 된다.
예) I don't smoke, neither do I (drink).
(나는 담배도 피우지 않으며 술도 먹을줄 모릅니다)
예) I am not tired. Neither am I.
(나는 피곤하지 않다. 나 역시 피곤하지 않다)

의역

새 포도주를 낡은 가죽 부대에 넣지 아니하나니.

8 These twelve Jesus sent out with the following instructions. (마10:5)

직역

예수님은 이 12명의 제자들을 다음과 같은 지시사항과 함께 보냈다.

핵 심 구 조

목적어 these twelve + 주어 Jesus + 동사 sent

단어 및 숙어의 확장

명 사 instruction 훈련, 교수, 교육, 교훈
instructions (복수형) 지시, 지령, 훈령, 명령, 사용법

참고
- These twelve 다음에 disciples가 생략되어 있다.
- These twelve라는 목적어가 강조되었다.

의역

예수께서 이 열둘을 내어 보내시며 명하여 가라사대.

9 Blessed is the man who does not fall away on account of me. (마11:6)

직역

나 때문에 떨어지지 않는 사람은 축복받았다.

핵 심 구 조

보어 blessed + 동사 is + 주어 the man

단어 및 숙어의 확장

숙 어 on account of=because of=... 때문에 / fall away 멀어지다, 떨어져 가다, 변절하다, 배반하다, 감소하다, 줄다, 사라지다

참고
• The man who does not fall away on account of me is blessed.

의역

누구든지 나를 인하여 실족하지 아니하는 자는 복이 있도다 하시니라.

10 Out of the overflow of the heart the mouth speaks. (마12:34)

직역

말은 마음이 흘러넘침에서 나온다.

핵심구조

부사구 out of the overflow of the heart + 주어 the mouth + 동사 speaks

단어 및 숙어의 확장

명사 동사 overflow 범람, 유출, 홍수, 과잉, 충만 / 넘쳐흐르다, 범람시키다, 넘치다, 남아돌다, 가득 차다, 충만하다

참고
• 바르게 배열하면, The mouth speaks out of the overflow of the heart.이 된다. 부사구 out of the overflow가 강조되었다.

의역

마음에 가득한 것을 입으로 말함이라.

11 For by your word you will be acquitted, and by your word you will be condemned. (마12:37)

직역

너희들은 너희의 말로 석방되기도 하고 선고받기도 할 것이기 때문이다.

핵심구조

부사구 by your word + 주어 you + 동사 will be acquitted
부사구 by your word + 주어 you + 동사 will be condemned

단어 및 숙어의 확장

동사 acquit 석방하다, 무죄로 하다, 면제되다 / condemn 비난하다, 나무라다, 유죄판결을 내리다, 형을 선고하다, 운명지우다 (to)

참고
- 바르게 배열하면, For you will be acquitted and condemned by your word. 이다. 부사구 by your word가 강조되었다.

의역

네 말로 의롭다 함을 받고 네 말로 정죄함을 받으리라.

12 In them is fulfilled the prophecy of Isaiah. (마13:14).

직역

그들 안에서 이사야의 예언이 성취된다.

핵 심 구 조

부사구 in them + 동사 is fulfilled + 주어 the prophecy of Isaiah

단어 및 숙어의 확장

명 사 prophecy 예언, 예언 능력
동 사 prophesy 예언하다, 예측하다

참고
• In them이 앞에 나왔기 때문에 동사 is와 주어 the prophecy of Isaiah가 도치되었다. 바르게 배열하면, The prophecy of Isaiah is fulfilled in them.이다.

의역

이사야의 예언이 저희에게 이루었으니.

13 But blessed <u>are your eyes</u> because they see, and your ears because they hear. (마13:16)

직역

그러나 보기 때문에 너의 눈은 축복받았고 듣기 때문에 너의 귀는 축복받았다.

핵 심 구 조

보어 blessed + 동사 are + 주어 your eyes

참고
• blessed가 문장의 앞에 나왔기 때문에 동사와 주어가 도치되었다.
• 바르게 배열하면, But your eyes are blessed because they see, and your ears are blessed because they hear.이다.

의역

그러나 너희 눈은 봄으로, 너희 귀는 들음으로 복이 있도다.

14 So was fulfilled what was spoken through the prophet. (마13:35)

직역

예언자를 통하여 말 되어졌던 것은 그렇게 성취되었다.

핵심구조

보어 so + 동사 was fulfilled + 주어 what이하

참고
- 바르게 배열하면, What was spoken through the prophet was fulfilled so.이다.
- 보어 so가 강조되었다.

의역

그러나 너희 눈은 봄으로, 너희 귀는 들음으로 복이 있도다.

15 Only in his hometown and in his own house is a prophet without honor. (마13:57)

직역

오직 그의 고향과 그의 집에서만이 예언자는 영광을 얻지 못한다.

핵심구조

부사구 only in his hometown and in his own house +
동사 is + 주어 prophet

참고
• 바르게 배열하면, A prophet without honor is only in his hometown and in his own house.이다. 부사구 only in his hometown과 in his own house가 강조되었다.

의역

선지자가 자기 고향과 자기 집외에서는 존경을 받지 않음이 없느니라.

16 **Out of the heart <u>come</u> evil thoughts, murder, adultery, sexual immorality, theft, false testimony, slander. (마15:19)**

직역

마음속에서 악한 생각, 살인, 간음, 성적타락, 절도, 허위증언, 그리고 비방이 나온다.

핵심구조

부사구 out of the heart + 동사 come + 주어 thought 이하

단어 및 숙어의 확장

명 사 adultery 간음 / murder 살인 / sexual immorality 성적 비도덕성 / theft 절도, 도적질 / testimony 증언, 간증 / slander 중상, 비방, 헐뜯기

형용사 false 허위의, 가짜의, 허구의

참고
• 바르게 배열하면, Evil thoughts, murder, adultery, sexual immorality, theft, false testimony, and slander come out of the heart.이다. 부사구 out of the heart가 강조되었다.

의역

마음에서 나오는 것들은 악한 생각과 살인과 간음과 음란과 도적질과 거짓 증거와 훼방이니.

17 Blessed are you, Simon son of Jonah, for this was not revealed to you by man, but by my Father in heaven. (마16:17)

직역

요나의 아들 시몬아, 너는 복이 있도다, 이것은 사람에 의해서가 아니라 하늘에 계신 나의 아버지에 의해서 드러났기 때문이다.

핵심구조

보어 blessed + 동사 are + 주어 you

단어 및 숙어의 확장

동 사 reveal 드러내다, 보이다, 알리다, 누설하다, 나타내다, 계시하다

참고
• 바르게 배열하면, You are blessed, Simon son of Jonah,...이다.
[시몬 바요나: '바'는 '아들'이라는 뜻. 유대인들은 아들의 이름에 아버지의 이름을 붙여서 부른다]

의역

바요나 시몬아 네가 복이 있도다 이를 네게 알게 한 이는 혈육이 아니요 하늘에 계신 내 아버지시니라.

18 For where two or three come together in my name, there am I with them. (마18:20)

직역

왜나하면 나의 이름으로 두세 명이 함께 모이는 곳이면, 그곳에 내가 그들과 함께 있기 때문이다.

핵심구조

부사 there + 동사 am + 주어 I

참고
- 부사 there가 주절의 맨 앞에 왔기 때문에 주어와 동사가 도치되어 있다.
- 바르게 배열하면, I am with them there이다. there가 강조되었다.

의역

두세 사람이 내 이름으로 모인 곳에는 나도 그들 중에 있느니라.

19 Blessed is he who comes in the name of the Lord. (마21:9)

직역

주님의 이름으로 오는 사람은 복되다.

핵심구조

보어 blessed + 동사 is + 주어 he

참고
- 바르게 배열하면, He who comes in the name of the Lord is blessed.이다. 보어 blessed가 강조되었다.

의역

주의 이름으로 오시는 이여 찬송하리로다.

20 And so upon you will come all the righteous blood that has been shed on earth, from the blood of righteous Abel to the blood of Zechariah son of Berekiah, whom you murdered between the temple and the altar. (마23:35)

직역

지구 위에 뿌려졌던 매우 정의로운 피가 너에게 그렇게 올 것이다, 정의로운 아벨의 피로부터 베레키아의 아들인 제카리아의 피에 이르기까지.

핵심구조

부사구 so upon you + 동사 will come + 주어 all the righteous blood

단어 및 숙어의 확장

동사 shed 흘리다

명사 altar 제대

참고
- the + 형용사=복수보통명사 the righteous=righteous people
- 바르게 배열하면, All the righteous blood that.... will come upon you so.가 된다. upon you so가 강조되었다.
- whom은 계속적 용법으로서 for you murdered them between the temple and the altar로 바꿀 수 있다.
- 이 문장의 전체의 주어는 all the righteous blood이다 / that은 주격관계대명사로서 that이하는 the righteous blood를 수식하는 형용사절이다.

의역

그러므로 의인 아벨의 피로부터 성전과 제단 사이에서 너희가 죽인 바라갸의 아들 사가랴의 피까지 땅위에서 흘린 의로운 피가 다 너희에게 돌아가리라.

21 Blessed is he who comes in the name of the Lord. (마23:39)

직역

주님의 이름으로 오시는 이는 복되다.

핵심구조

보어 blessed + 동사 is + 주어 he

참고

• 바르게 배열하면, He who comes in the name of the Lord is blessed. 이다. 보어 blessed가 강조되었다.

의역

주의 이름으로 오시는 이여 찬송하리로다.

22 The poor you will always have with you, but you will not always have me. (마26:11)

직역

너희는 항상 가난한 자들을 너희와 함께 가질 것이나 나를 항상 갖지는 못할 것이다.

핵 심 구 조

목적어 the poor + 주어 you + 동사 will have

단어 및 숙어의 확장

명 사 the poor=poor people=가난한 사람들

참고
- The poor는 have의 목적어인데 문장의 맨 앞으로 나와 있다.
- not always는 부분부정으로서 '항상...한 것은 아니다'의 뜻.

의역

가난한 자들은 항상 너희와 함께 있거니와 나는 항상 함께 있지 아니하리라.

[생략된 경우]

1 Brother will betray brother to death, and a father ✓ his child; children will rebel against their parents and have them put to death. (마10:21)

직역

형제는 형제를 배신하여 죽게 할 것이고 아버지는 자식을 배신하여 죽게 할 것이다. 자식들은 부모에게 대항해서 죽게 할 것이다.

핵 심 구 조

Brother will betray+ and + a father will betray

단어 및 숙어의 확장

동 사 betray 배반하다, 배신하다 / rebel 배반하다, 반항하다, 반항, 배반

숙 어 put to death 죽게 하다

참고

• father와 his child 사이에 will betray가 생략되어 있다.

의역

장차 형제가 형제를, 아비가 자식을 죽는 데 내어 주며 자식들이 부모를 대적하여 죽게 하리라.

2 It is enough for the student to be like his teacher, and ✓ the servant ✓ like his master. (마10:25)

직역

학생이 그의 선생처럼 되는 것은 충분하고, 하인이 그의 주인처럼 되는 것은 충분하다.

핵 심 구 조

It is for the student to be + It is for the servant to be

참고

• and와 the servant 사이에 It is enough for가 생략되어 있고 the servant와 like 사이에는 to be가 생략되어 있다.

의역

제자가 그 선생 같고 종이 그 상전 같으면 족하도다.

3 If the head of the house has been called Beelzebub, how much more the members of his household ✓ ! (마10:25)

직역

그 집의 가장이 바알세불이라로 불려왔다면 그 집안의 구성원들은 훨씬 더할 것이다!

핵심구조

how + 부사 much + 주어 members of his household + 동사 are

참고
• household 다음에 are가 생략되어 있다.

의역

집주인을 바알세불이라 하였거든 하물며 그 집 사람들이랴.

4 But blessed are your eyes because they see, and ✓ your ears because they hear.(마13:16)

직역

그러나 보기 때문에 너의 눈은 축복받았고 듣기 때문에 너의 귀는 축복받았다.

핵 심 구 조

보어 blessed + 동사 are + 주어 eyes + and + (blessed are) + 주어 your ears

참고
- and와 your 사이에 blessed are가 생략되었다.
- 바르게 배열하면, But your eyes are blessed because they see, and your ears are blessed because they hear.이다.

의역

그러나 너희 눈은 봄으로, 너희 귀는 들음으로 복이 있도다.

5 **The people were amazed when they saw the mute speaking, ✓ the crippled made well, ✓ the lame walking and ✓ the blind seeing. (마15:31)**

직역

벙어리가 말을 하고, 불구자가 똑바로 되고, 절름발이가 걸으며 눈먼 자들이 눈뜨는 것을 보았을 때 사람들은 깜짝 놀랐다.

핵 심 구 조

when they saw + the mute speaking, when they saw + the crippled made, when they saw + the lame walking, and when they saw + the blind seeing

단어 및 숙어의 확장

명 사 the mute=mute people=말 못하는 사람들 / the crippled=crippled people= 불구자들 / the lame=lame people=절름거리는 사람들 / the blind=blind people=눈이 먼 사람들

참고

- when이하의 절을 다시 쓰면 다음과 같다: ...when they saw the mute speaking, when they saw the crippled made well, when they saw the lame walking, and when they saw the blind seeing 다시 말하면 when they saw가 생략되어 있다.
- 현재분사 speaking과 walking과 seeing은 when이하의 부사절에서 목적보어로 쓰였다.

의역

벙어리가 말하고 불구자가 건전하고 절뚝발이가 걸으며 소경이 보는 것을 무리가 보고 기이히 여겨.

6 Grant that one of these two sons of mine may sit at your right and the other ✓ at your left in your kingdom. (마20:21)

직역

나의 이 두 아들 중에서 한 아들은 천국에서 당신의 오른편에 앉을 수 있게 하시고 다른 아들은 당신의 왼편에 앉을 수 있도록 허락해주십시오.

핵심구조

...may sit at the right + and + the other + may sit at your left...

단어 및 숙어의 확장

동 사 grant 허락하다, 주다, 수여하다, 부여하다, 승인하다, 가정하다, 인정하다

참고

- the other와 at 사이에는 may sit이 생략되어 있다.
- that은 grant의 목적어로서 명사절을 이끈다.

의역

이 나의 두 아들들을 주의 나라에서 하나는 주의 우편에, 하나는 주의 좌편에 앉게 명하소서.

7 Then they will go away to eternal punishment, but the righteous ✓ to eternal life. (마25:46)

직역

그리하여 그들은 영원한 벌에 들어가나 의인들은 영원한 생명에 들어갈 것이다.

핵심구조

they will go away to...+ but the righteous + will go away to...

단어 및 숙어의 확장

형용사 eternal 영원한, 변함없는

명 사 punishment 벌, 형벌, 처벌, 응징

참고 • righteous와 to 사이에 will go away가 생략되어 있다.

의역

저희는 영벌에, 의인들은 영생에 들어가리라.

8 This perfume could have been sold at a high price and the money ✓ given to the poor. (마26:9)

직역

이 향수는 높은 가격에 팔릴 수 있었고 그 돈은 가난한 사람들에게 주어질 수 있을 것이다. (팔았다면)

핵심구조

could have been sold...+ and + ...could have been given...

단어 및 숙어의 확장

the poor=poor people=가난한 사람들

참고
• money와 given 사이에 could have been이 생략되어 있다.

의역

이것을 많은 값에 팔아 가난한 자들에게 줄 수 있었겠도다.

Chapter 6

"누가 알겠니? 아무도 몰라 : 수사의문문을 파악하자

중요포인트

형태: 수사의문문이 들어간 문장

수사의문문이란? 형식은 의문문이지만 내용은 평서문과 같은 것으로서 끝부분을 내려서 읽는다. 내용을 강조하기 위해서 수사의문문으로 쓴다.

예시

- Who can do so? (누가 그것을 할 수 있느냐?)
  = No one can do so. (아무도 할 수 없다)
- Who doesn't know the fact?(누가 그 사실을 모르겠느냐?)
  = Everyone knows the fact. (모든 사람이 그 사실을 안다)
- Who know? (누가 알겠어?)
  = No one knows.(아무도 모른다)
  = Only God knows.(하나님만이 아신다)

1 Is not life more important than food, and the body more important than clothes? (마6:25)

직역

목숨이 음식보다 더 중요하지 않는가? 그리고 우리의 몸이 의복보다 더 중요하지 않는가? (=목숨이 음식보다 더 중요하고 몸이 옷보다 더 중요하다)

핵심구조

동사 Is + not + 주어 life + more + 형용사 important + than ...?

의역

목숨이 음식보다 중하지 아니하며 몸이 의복보다 중하지 아니하냐?

2 Are you not much more valuable than they? Who of you by worrying can add a single hour to his life? (마6:26-27)

직역

너희들이 그들보다 훨씬 더 중요하지 않느냐? 너희 중에서 누가 자신의 생명을 한 시간 더 늘릴 수 있느냐? (=너희는 음식이나 옷보다 훨씬 더 중요하다. 너희 중에는 아무도 자기 자신의 생명을 한 시간도 늘릴 수 없다)

핵 심 구 조

동사 Are + 주어 you + not + much more + 형용사 valuable ...?

의역

너희는 이것들보다 귀하지 아니하냐 너희 중에 누가 염려함으로 그 키를 한 자나 더할 수 있느냐?

3 If that is how God clothes the grass of the field, which is here today and tomorrow is thrown into the fire, <u>will he not much more clothe you, O you of little faith?</u> (마6:30-31)

직역

만약 그것이 하나님이 들의 풀에 옷을 입히시는 방법이라면, 그 풀은 오늘 이곳에 있다가 내일이면 불에 던져질 것인데, 하나님이 너에게 훨씬 더 옷을 잘 입히시지 않겠느냐, 오 믿음이 없는 자여? (=하나님은 들풀보다도 인간인 너희에게 훨씬 더 옷을 잘 입히신다. 즉 잘 돌보신다)

핵 심 구 조

will + 주어 he + not + much more + 동사 clothe ?

의역

오늘 있다가 내일 아궁이에 던지우는 들풀도 하나님이 이렇게 입히시거든 하물며 너희일까 보냐 믿음이 적은 자들아.

4 Which of you, if his son asks for bread, will give him a stone? Or if he asks for a fish, will give him a snake? If you, then, though you are evil, know how to give good gifts to your children, <u>how much more will your Father in heaven give good gifts to those who ask him!</u> (마7:9-11)

직역

너희들 중에, 만약 그의 아들이 빵을 요청하면, 누가 그에게 돌을 주겠느냐? (=돌을 줄자는 아무도 없을 것이다). 만약 그가 생선을 요청하면 그에게 뱀을 줄자가 누구냐? (=뱀을 줄자는 아무도 없을 것이다). 그렇다면, 만약 비록 당신이 악마라 하더라도 자녀들에게 좋은 선물 주는 방법을 아는데, 천국에 계시는 너희 아버지는 자신에게 요청하는 자들에게 얼마나 더 좋은 선물을 주시겠느냐?(=하나님은 우리에게 훨씬 더 좋은 선물을 주실 것이다)

핵 심 구 조

how much more + will + 주어 your Father + 동사 give...?

의역

너희 중에 누가 아들이 떡을 달라 하면 돌을 주며 생선을 달라 하면 뱀을 줄 사람이 있겠느냐 너희가 악한 자라도 좋은 것으로 자식에게 줄 줄 알거든 하물며 하늘에 계신 너희 아버지께서 구하는 자에게 좋은 것을 주시지 않겠느냐?

5 Are not two sparrows sold for a penny? (마10:29)

직역

두 마리의 참새가 1페니에 팔리지 않더냐? (=두 마리의 참새를 1페니에 살 수 있다)

핵심구조

동사 Are + not + 주어 sparrows + 동사 sold....?

단어 및 숙어의 확장

명사 sparrow 참새

의역

참새 두 마리가 한 앗사리온에 팔리는 것이 아니냐?

6 If Satan drive out Satan, he is divided against himself. How then can his kingdom stand? (마12:26)

직역

사단이 사단을 몰아낸다면 그는 자신에 대항하여 분열된다. 그러면 그의 왕국이 어떻게 서겠느냐? (그의 왕국은 설 수 없다)

핵심구조

How + can + 주어 kingdom + 동사 stand?

의역

사단이 만일 사단을 쫓아내면 스스로 분쟁하는 것이니 그리하고야 저의 나라가 어떻게 서겠느냐?

7 You brood of vipers, how can you who are evil say anything good? (마12:34)

직역

독사의 자식들아, 악한 너희가 어찌하여 좋은 것을 말할 수 있겠느냐? (=악한 너희들은 좋은 것을 말할 수 없다)

핵심구조

how + can + 주어 you + 동사 say...?

단어 및 숙어의 확장

명 사 viper 독사

참고 • you와 brood of vipers는 동격이다.

의역

독사의 자식들아 너희는 악하니 어떻게 선한 말을 할 수 있느냐?

8 But how then would the Scriptures be fulfilled that say it must happen in this way? (마26:54)

직역

그러나 그렇다면 그것이 이런 식으로 일어나야만 한다고 말하는 성경이 어떻게 성취될 수 있겠느냐? (성취될 수 없다)

핵심구조

how + would + 주어 the Scriptures + 동사 be fulfilled...?

단어 및 숙어의 확장

숙 어 in this way 이런 식으로

참고 • say와 it 사이에 종속접속사 that이 생략되어 있다.
• 밑줄 친 that은 주격관계대명사로서 선행사는 the Scriptures이다.

의역

내가 만일 그렇게 하면 이런 일이 있으리라 한 성경이 어떻게 이루어지리요.

9 Are not even the tax collectors doing that? (마5:46)

직역

세금을 징수하는 자들도 그렇게 하지 않더냐? (그들도 그렇게 할 수 있다)

핵심구조

동사 Are + not + 주어 the tax collectors + doing...?

단어 및 숙어의 확장

명 사 tax 세금 / collector 거두는 사람, 징수자

부 사 even 조차도

의역

세리도 이같이 아니하느냐?

10 Do not even pagans do that? (마5:47)

직역

이방인들조차도 그렇게 하지 않더냐? (이방인들도 그렇게 할 수 있다)

핵심구조

조동사 Do + not + 주어 pagans + 본동사 do...?

단어 및 숙어의 확장

명 사 pagan 이방인

의역

이방인들도 이같이 아니하느냐?

Chapter 7

'누구라도'를 파악하자

중요포인트

형태: Anyone can do it. (누구라도 그 일을 할 수 있다)
Anyone으로 시작하는 긍정문의 해석: 누구라도

1 Anyone who loves his father or mother more than me is not worthy me. (마10:37)

직역

자신의 아버지나 어머니를 나보다 더 사랑하는 자는 누구나 내게 가치가 없다.

핵심구조

Anyone + 동사 is...

의역

아비나 어미를 나보다 더 사랑하는 자는 내게 합당치 아니하고.

2 Anyone who receives a prophet because he is a prophet will receive a prophet's reward, and anyone who receives a righteous man because he is a righteous man will receive a righteous man's reward. (마10:41)

직역

자신이 예언자이기 때문에 예언자를 받아들이는 사람은 누구나 예언자의 보답을 받을 것이며, 자신이 정의로운 자이기 때문에 정의로운 자를 받아들이는 사람은 누구나 정의로운 자의 보답을 받을 것이다.

핵심구조

Anyone.... + 동사 will receive ...

의역

선지자의 이름으로 선지자를 영접하는 자는 선지자의 상을 받을 것이요 의인의 이름으로 의인을 영접하는 자는 의인의 상을 받을 것이요.

3 Anyone who speaks a word against the Son of Man will be forgiven, but anyone who speaks against the Holy Spirit will not be forgiven, either in this age or in the age to come. (마12:32)

직역

사람의 아들에게 대항하는 말을 하는 사람은 누구나 용서를 받을 것이나, 성령에 대항하는 말을 하는 자는 누구나 금세기거나 다가올 세기이거나간에 용서받지 못할 것이다.

핵 심 구 조

Anyone...+ 동사 will be forgiven.../ anyone...+ 동사 will not be forgiven

단어 및 숙어의 확장

동 사 forgive 용서하다

의역

누구든지 말로 인자를 거역하면 사하심을 얻되 누구든지 말로 성령을 거역하면 이 세상과 오는 세상에도 사하심을 얻지 못하리라.

4 Anyone who curses his father or mother must be put to death.(마15:4)

직역

그의 아버지나 어머니를 저주하는 자는 누구든지 반드시 죽어야만 한다.

핵 심 구 조

Anyone...+ 동사 must be put...

의역

아비나 어미를 훼방하는 자는 반드시 죽으리라.

Chapter 8

'…해라, 그러면~' 을 파악하자

중요포인트

형태: *명령문, and=...해라 그러면 ~할 것이다
*명령문, or=...해라, 그렇지 않으면...할 것이다

예시

*명령문, and=...해라 그러면~할 것이다

- Study English hard, and you will succeed.
(영어를 열심히 공부해라, 그러면 성공할 것이다)

*명령문, or=...해라, 그렇지 않으면...할 것이다

- Hurry up, or you will be late for the class.
(서둘러라, 그렇지 않으면 강의시간에 늦을 것이다)

1 Come to me, all you who are weary and burdened, and I will give you rest. (마11:28)

직역

네게로 오라, 지치고 힘든 자들이여, 그러면 내게 너희에게 휴식을 주겠다.

핵심구조

동사 Come, + and + 주어 I + 동사 will give

단어 및 숙어의 확장

형용사 weary 지친, 힘든 / burdened 짐을 진, 부담스러운

명 사 burden 무거운 짐, (정신적) 부담, 걱정, 괴로움, 고생

의역

수고하고 무거운 짐 진 자들아 다 내게로 오라 내가 너희를 쉬게 하리라.

2 **Take my yoke upon you and learn from me, for I am gentle and humble in heart, and you will find rest for your souls.** (마11:29)

직역

나의 멍에를 너에게 지고 나로부터 배워라, 내 마음은 부드럽고 겸손하기 때문이다, 그러면 너는 너의 영혼을 위해서 안식을 찾을 것이다.

핵심구조

동사 Take, + and + 주어 you + 동사 will find

단어 및 숙어의 확장

형용사 humble 겸손한

명 사 soul 영혼

의역

나는 마음이 온유하고 겸손하니 나의 멍에를 메고 내게 배우라 그러면 너희 마음이 쉼을 얻으리니.

3 Make a tree good, and its fruit will be good, or make a tree bad, and its fruit will be bad, for a tree is recognized by its fruit. (마12:33)

직역

나무를 좋게 만들어라, 그러면 그 열매가 좋을 것이다. 나무를 나쁘게 하라, 그러면 그 열매가 나쁠 것이다, 나무란 그 열매로 인정을 받기 때문이다.

핵 심 구 조

동사 Make, + and + 주어 its fruit + 동사 will be

의역

나무도 좋고 실과도 좋다 하든지 나무도 좋지 않고 실과도 좋지 않다 하든지 하라 그 실과로 나무를 아느니라.

4 "Be patient with me, and I will pay back everything. (마18:26)

직역

저에게 인내심을 보여주십시오, 그러면 제가 모든 것을 다 갚을 것입니다.

핵 심 구 조

동사 Be, + and + 주어 I + 동사 will pay

단어 및 숙어의 확장

형용사 patient 인내심 있는, 참을성 있는
명 사 patient 환자

의역

내게 참으소서 다 갚으리이다.

5 If anyone says anything to you, <u>tell</u> him that the Lord needs them, <u>and</u> he will send them right away. (마21:3)

직역

만약 누군가가 너희에게 뭔가를 말하면, 그에게 말하라 주님께서 그들을 필요로 한다고, 그러면 그가 당장 그들을 보낼 것이다. [여기에서 그들이란 당나귀(donkey)와 망아지(colt)를 의미한다]

핵심구조

동사 tell, + and + 주어 he + 동사 will send

단어 및 숙어의 확장

숙 어 right away=soon=곧, 당장

참고 • that은 tell의 직접목적어로서 명사절을 이끈다.

의역

만일 누가 무슨 말을 하거든 주가 쓰시겠다 하라 그리하면 즉시 보내리라.

Chapter 9

가짜주어와 진짜주어를 파악하자

중요포인트

형태: 가주어 it+ for 의미상의 주어+ 진주어 to+원형이 들어간 문장

예시

- It is possible for me to master English soon.
  가주어 it은 해석하지 않음/ 의미상의 주어를 주어로 해석함 /
  (내가 곧 영어를 마스터하는 일은 가능하다)
- It is easy for him to lift the rock.
  (그가 그 바위를 드는 일은 쉽다)

1 It is enough for the student to be like his teacher, and the servant like his master. (마10:25)

직역

학생이 그의 선생처럼 되는 것은 충분하고, 하인이 그의 주인처럼 되는 것은 충분하다.

핵심구조

It + for the student + to be

의역

제자가 그 선생 같고 종이 그 상전 같으면 족하도다.

2 It is not lawful for you to have her. (마14:4)

직역

너희들이 그 여자를 취하는 것은 합법적이 아니다.

핵심구조

It + for you + to have

의역

당신이 그 여자를 취한 것이 옳지 않다.

3 He replies, "It is not right to take the children's bread and toss it to their dogs." (마15:26)

직역

그가 대답한다, "아이들의 빵을 가져다가 그들의 개들에게 던지는 것은 옳지 못하다."

핵심구조

It + (for us) + to take / to toss

단어 및 숙어의 확장

동사 toss 던지다, (공을) 던지다, 가볍게 던지다

참고 • toss 앞에 to가 생략되어 있다.

의역

대답하여 가라사대 자녀의 떡을 취하여 개들에게 던짐이 마땅치 아니하니라.

4 Peter said to Jesus, "Lord, it is good for us to be here." (마17:4)

직역

베드로가 예수님께 말하였다. "주님, 우리가 여기에 있는 것이 좋습니다."

핵심구조

It + for us + to be

의역

베드로가 예수께 여짜와 가로되 주여 우리가 여기 있는 것이 좋사오니.

5 But if anyone causes one of these little ones who believe in me to sin, it would be better for him to have a large milestone hung around his neck and to be drowned in the depths of the sea. (마18:6)

직역

만약 나를 믿는 이 어린이들 중 한 명이 죄를 짓도록 하는 자가 있다면 그는 목둘레에 커다란 연자맷돌을 매고 깊은 바다 속에 익사하는 편이 나을 것이다.

핵심구조

it + for him + to have / to be drowned

단어 및 숙어의 확장

명 사 milestone 연자맷돌

동 사 drown 익사하다

의역

누구든지 나를 믿는 이 소자 중 하나를 실족케 하면 차라리 연자맷돌을 그 목에 달리우고 깊은 바다에 빠뜨리우는 것이 나으니라.

6 It is better for you to enter life maimed or crippled than to have two hands or two feet and be thrown into eternal fire. (마18:8)

직역

두 손과 두 발을 지닌 채 영원한 불속으로 내던져지는 것보다는 불구가 된 채 생명으로 들어가는 편이 더 낫다.

핵심구조

It + for you + to enter / to have / to be thrown

단어 및 숙어의 확장

동 사 maim 손발을 끊어 망쳐놓다, 쓸모없게 만들다 /
cripple 불구가 되게 하다. 무능하게 하다

형용사 maimed 불구의, 상한 / crippled 불구가 된, 무능한 / eternal 영원한

의역

불구자나 절뚝발이로 영생에 들어가는 것이 두 손과 두 발을 가지고 영원한 불에 던지우는 것보다 나으니라.

7 It is better for you to enter life with one eye than to have two eyes and be thrown into the fire of hell. (마18:9)

직역

두 눈을 지닌 채 지옥의 불속으로 내던져지는 것보다는 한 눈을 가지고 영생으로 들어가는 것이 더 낫다.

핵심구조

It + for you + to enter / to have / to be

의역

한 눈으로 영생에 들어가는 것이 두 눈을 가지고 지옥 불에 던지우는 것보다 나으니라.

8 Is it lawful for a man to divorce his wife for any and every reason? (마19:3)

직역

한 남자가 어떤 이유에서 그의 아내와 이혼하는 것이 합법적인가요?

핵 심 구 조

It + for a man + to divorce

단어 및 숙어의 확장

동 사 **명 사** 이혼하다, 이혼

의역

사람이 아무 연고(緣故)를 물론하고 그 아내를 내어 버리는 것이 옳으니이까?

9 It is hard for a rich man to enter the kingdom of heaven. (마19:23)

직역

부자가 천국에 들어가는 것은 어렵다.

핵 심 구 조

It + for a rich man + to enter

의역

부자는 천국에 들어가기가 어려우니라.

10 It is easier for a camel to go through the eye of a needle than for a rich man to enter the kingdom of God. (마19:24)

직역

부자가 천국에 들어가는 것보다 낙타가 바늘귀를 통과하는 것이 더 쉽다.

핵심구조

It + for a camel + to go / It + for a rich man + to enter

의역

부자는 천국에 들어가기가 어려우니라.

단어 및 숙어의 확장

명사 camel 낙타 / needle 바늘

의역

약대가 바늘귀로 들어가는 것이 부자가 하나님의 날에 들어가는 것보다 쉬우니라.

11 Is it right to pay taxes to Caesar or not? (마22:17)

직역

카이사르에게 세금을 지불해야 하는 것이 옳은가 아닌가?

핵 심 구 조

It + (for us) + to pay

의역

가이사에게 세를 바치는 것이 가하니이까 불가하니이까

12 "It is against the law to put this into the treasury, since it is blood money." (마27:6)

직역

이것을 보고에 두려는 것은 법에 어긋난다. 왜냐하면 그것은 피의 값이기 때문이다.

핵 심 구 조

It + against the law + to put

단어 및 숙어의 확장

명 사 treasury 보고 (재물과 보배를 보관하는 건물이나 방 또는 상자)

참고
- since는 because와 같다.
- It은 가주어, to put이하는 진주어이다.

의역

이것은 피값이라 성전고에 넣어둠이 옳지 않다 하고.

Chapter 10

무엇이든지, 누구든지, 어느 것이든지

중요포인트

형태: whoever + 동사
whatever + 주어 + 동사
whichever + 주어 + 동사

복합관계대명사가 들어간 문장: Whoever, Whatever, Whichever, Whomever

복합관계대명사란 관계대명사에 -ever가 들어간 형태로서 누구든지. 누구에게든지, 무엇이든지, 어느 것이든지 등으로 해석된다.

예시

- Give the apple whoever wants it.
  (사과를 원하는 사람 누구에게나 주어라)
- Choose whichever you want.
  (네가 원하는 것이면 어느 것이나 골라라)
- Whatever you may choose, you can do it well.
  (무엇을 선택하든지 너는 그 일을 잘 할 수 있다)

1 Whoever finds his life will lose it, and whoever loses his life for my sake will find it. (마10:39)

직역

자신의 생명을 찾으려는 자는 누구든지 그 생명을 잃을 것이요, 나를 위하여 생명을 잃는 자는 누구든지 그 생명을 찾을 것이니라.

핵 심 구 조

Whoever + 동사 finds / whoever + 동사 loses

단어 및 숙어의 확장

숙 어 for one's sake ...을 위하여

참고 • whoever 다음에는 동사가 온다.

의역

자기 목숨을 얻는 자는 잃을 것이요 나를 위하여 자기 목숨을 잃는 자는 얻으리라.

2 I tell you the truth if you have faith and do not doubt, not only can you do what was done to the fig tree, but also you can say to this mountain, 'Go, throw yourself into the sea,' and it will be done. If you believe, you will receive whatever you ask for in prayer. (마21:21)

직역

내가 진실로 말하노니 만약 너희가 믿음이 있고 의심이 없으면 너희는 무화과나무에게 행해진 것을 할 수 있을 뿐만 아니라 이 산에게 '가서, 네 자신을 바다 속에 던져라'고 말하면 그렇게 될 것이다. 만약 믿으면 너희는 기도 중에 너희가 요청하는 것을 무엇이든지 받을 것이다.

핵심구조

whatever + 주어 you + 동사 ask

참고 • whatever다음에는 주어+동사가 온다

의역

내가 진실로 너희에게 이르노니 만일 너희가 믿음이 있고 의심치 아니하면 이 무화과나무에게 된 이런 일만 할 뿐 아니라 이 산더러 들려 바다에 던지우라 하여도 될 것이요 너희가 기도할 때에 무엇이든지 믿고 구하는 것은 다 받으리라.

Chapter 11

만약~였더라면...이었을텐데

중요포인트

형태: If + 주어 + had + pp.... , 주어 + would/should/could/might + have + pp.

가정법 과거완료가 사용된 문장

가정법 과거완료란 과거의 사실과 반대되는 내용을 가정할 때 쓰인다.

예시

- 내가 새가 아니었다면, 당신에게 날아가지 못했을텐데.
  If I had not been a bird, I could not have flown to you.
- 내가 부자였더라면, 집을 한 채 살 수 있었을텐데.
  If I had been rich, I could have bought a house.

1 If the miracles that were performed in you had been performed in Tyre and Sidon, they would have repented long ago in sackcloth and ashes. (마11:21)

직역

너에게서 행해졌던 기적이 두로와 시돈에서 행해졌었더라면 그들은 오래 전에 베옷과 잿속에서 회개했었을 것이다.

핵심구조

If + 주어 the miracles... + had + been + performed,
주어 + would + have + repented

단어 및 숙어의 확장

명 사 Tyre 두로 / Sidon 시돈 / sackcloth 베옷

참고
- that은 주격관계대명사로서 선행사는 miracles이다.

의역

너희에게서 행한 모든 권능을 두로와 시돈에서 행하였다면 저희가 벌써 베옷을 입고 재에 앉아 회개하였으리라.

2 If the miracles that were performed in you had been performed in Sodom, it would have remained to this day. (마11:23)

직역

너희 안에서 행해졌던 기적이 소돔에서 행해졌더라면 그것은 오늘날까지 남아있었을텐데.

핵심구조

If + the miracles + had been performed,
주어 it + would + have+remained

참고
- that은 관계대명사로서 선행사는 the miracles
- 가정법 과거완료이다.

의역

네게서 행한 모든 권능을 소돔에서 행하였더면 그 성이 오늘날까지 있었으리라.

3 If you had known what these words mean, 'I desire mercy, not sacrifice,' you would not have condemned the innocent. (마12:7)

직역

만약 이 말이 의미하는 것 '나는 희생이 아니라, 자비를 원한다'를 알았더라면 너희들은 죄 없는 자들을 비난하지는 않았을 것이다.

핵심구조

If + 주어 you + had + known, 주어 you + would + have+condemned

단어 및 숙어의 확장

동 사 sacrifice 희생하다 / condemn 비난하다, 선고하다, 운명지우다

참고
- 가정법 과거완료이다.

의역

나는 자비를 원하고 제사를 원치 아니하노라 하신 뜻을 너희가 알았더면 무죄한 자를 죄로 정치 아니하였으리라.

Chapter 12

what은 무엇인가?

중요포인트

형태: what이 이끄는 절

1. 의문대명사 what

1) 사물: *What* is this? (이것은 무엇이니?)
What makes you happy? (무엇이 너를 행복하게 하니?)

2) 사람의 직업: *What* is he? (그의 직업은 무엇이니?)

2. 간접의문문으로 쓰인 의문대명사 what

1) Please tell me *what* your hobbies are. (너의 취미가 무엇인지 내게 말해줘)
[의문대명사 what이하는 tell의 목적어로 명사절이다]

2) I don't know *what* I should say. (무슨 말을 해야 할지 모르겠다)
[의문대명사 what이하는 know의 목적어로 명사절이다]

3. 관계대명사 what의 용법

1) what은 문장에서 주어, 목적어, 보어를 이끄는 명사절을 만든다.

예1) *What is beautiful* is not always good. (아름다운 것이 항상 좋은 것은 아니다)
[what is beautiful은 이 문장에서 동사is의 주어가 된다]

예2) She saves *what she earns*. (그 여자는 자신이 번 돈을 저축한다)
[what she earns는 이 문장에서 동사saves의 목적어가 된다]

예3) This is *what they want*. (이것은 그들이 원하는 것이다)
[what they want는 이 문장에서 주어this를 보충설명해주는 보어가 된다]

4. 간접의문문을 만드는 의문대명사 what과 관계대명사 what의 구별법 !

1) 공통점: 둘 다 문장에서 주어(S), 목적어(O), 보어(C)로 쓰이는 명사절을 이끈다.

예1) Please tell me *what* your hobbies are. (의문대명사 what이하는 목적어가 됨)
[너의 취미가 무엇인지를 내게 말해줘]

예2) I can't understand *what* you said. (관계대명사 what이하는 목적어가 됨)
[나는 네가 말한 것을 이해할 수 없다]

2) 구별법 !!!

① 의문대명사 what:

**주절의 본동사가 의문의 의미, 즉 불확실적 진술을 지니면 의문대명사이다.

**<u>what이하는 완전한 문장이다!</u>

**주절의 동사가 doubt, wonder, tell me, don't know, can't tell, ask 등이면 what은 의문대명사이다

예) Will you tell me what I should do? [내가 무엇을 해야할지 내게 말해줄래?]
['말해달라'는 것은 '모른다'는 뜻, 즉 불확실한 의미를 지닌다]

② 관계대명사 what:

**자신의 의견을 강조할 때 쓰인다. **what을 the thing which로 바꿀 수 있다.

**<u>what이하는 완전한 문장이 아니다!</u>

예1) That's what I said. (=That' the thing which I said.)[그게 바로 내 말이야]

예2) Please do what you'd like to do.(=Please do the thing which you'd like to do)
[제발 네가 하고 싶은 것을 해라]

예3) What I like is singing gospel songs.[=The thing which I like is singing gospel songs.] (내가 좋아하는 것은 복음성가 부르기다)

1 Then what was said through the prophet Jeremiah was fulfilled. (마2:17)

직역

그래서 예언자 예레미야를 통해서 말씀되었던 일이 성취되었다.

핵심구조

what...Jeremiah + 동사 was fulfilled

참고
- the prophet와 Jeremiah는 동격
- 관계대명사 what이 이끄는 절, what was said through the prophet Jeremiah는 전체 문장의 주어(명사절)

의역

이에 선지자 예레미야로 말씀하신바 ...함이 이루어졌느니라.

2 What I tell you in the dark, speak in the daylight; what is whispered in your ear, proclaim from the roofs. (마10:27)

직역

내가 너희에게 어둠 속에서 말한 것을 빛이 있는 데에서 말하라; 내가 너희의 귀에 속삭인 말을 지붕위에서 선포하라.

핵심구조

What....+ 동사 speak / What... + 동사 proclaim

단어 및 숙어의 확장

동 사 proclaim 선포하다, 포고하다, 선언하다, 선고하다, 증명하다

참고
- 관계대명사 what이 이끄는 절은 speak의 목적어로서 명사절이며/ 관계대명사 what이 이끄는 절은 proclaim의 목적어로서 명사절이다.

의역

내가 너희에게 어두운 데서 이르는 것을 광명한 데서 말하며 너희가 귓속으로 듣는 것을 집 위에서 전파하라.

3 Look ! Your disciples are doing what is unlawful on the Sabbath. (마12:2)

직역

보시오! 당신의 제자들이 안식일에 불법이 되는 일을 행하고 있소.

핵 심 구 조

주어 Your disciples + 동사 are doing + what....

단어 및 숙어의 확장

형용사 unlawful 비합법적인, 불법의

참고
- 관계대명사 what이하는 이 문장에서 동사 doing의 목적어가 된다.
- what = the thing which

의역

보시오 당신의 제자들이 안식일에 하지 못할 일을 하나이다.

4 He answered, "Haven't you read what David did when he and his companions were hungry?" (마12:3)

직역

그가 대답했다, "다윗과 그의 동료들이 배고팠을 때 했던 일에 대하여 읽은 적이 있느냐?"

핵심구조

동사 read + what...

참고
- 관계대명사 what이하는 명사절이다.
- what을 the thing which로 바꿀 수 있다.

의역

예수께서 가라사대 다윗이 자기와 그 함께 한 자들이 시장할 때에 한 일을 읽지 못하였느냐?

5 If you had known what these words mean, 'I desire mercy, not sacrifice,' you would not have condemned the innocent. (마12:7)

직역

만약 이 말이 의미하는 것 '나는 희생이 아니라, 자비를 원한다'를 알았더라면 너희들은 죄 없는 자들을 비난하지는 않았을 것이다.

핵 심 구 조

동사 had known + what....

단어 및 숙어의 확장

동 사 sacrifice 희생하다 / condemn 비난하다, 선고하다, 운명지우다

참고
- 의문대명사 what이하는 know의 목적어가 되는 명사절이다.
- what이하의 문장은 완전하다. 원래대로 하면,
  what did these words mean? 이다.

의역

나는 자비를 원하고 제사를 원치 아니하노라 하신 뜻을 너희가 알았더면 무죄한 자를 죄로 정치 아니하였으리라.

6 This was to fulfill what was spoken through the prophet Isaiah. (마12:17)

직역

이것은 예언자 이사야를 통하여 말되어진 것을 이행하려는 것이었다.

핵 심 구 조

동사 fulfill + what...

참고
- 관계대명사 what이하는 fulfill의 목적어가 되는 명사절이다.

의역

이는 선지자 이사야로 말씀하신바 ...함을 이루려 하심이니라.

7 I tell you the truth, many prophets and righteous men longed to see what you see but did not see it, and to hear what you hear but did not hear it. (마13:17)

직역

내가 너희에게 진실을 말하노니, 수많은 예언자와 정의로운 자들은 너희가 보지만 보지 않는 것을 보기를 갈망하고 너희가 듣지만 듣지 않은 것을 듣기를 갈망한다.

핵심구조

동사 see + what.../ 동사 hear + what....

단어 및 숙어의 확장

숙어 long to 갈망하다

참고
• 관계대명사 what이하는 see의 목적어가 되는 명사절/ 관계대명사 what이하는 hear의 목적어가 되는 명사절이다.

의역

내가 진실로 너희에게 이르노니 많은 선지자와 의인이 너희 보는 것들을 보고자 하여도 보지 못하였고 너희 듣는 것들을 듣고자 하여도 듣지 못하였느니라.

8 Listen then to what the parable of the sower means. (마13:18)

직역

그러면 씨 뿌리는 자의 비유가 무슨 뜻인지에 귀를 기울여라.

핵 심 구 조

동사 listen to + what...

참고
- 의문대명사 what이하는 listen to의 목적어가 되는 명사절이다.
- what이하의 문장은 완전하다. 원래대로 하면,
  what does the parable of the sower mean? 이다.

의역

그런즉 씨 뿌리는 비유를 들으라.

9 When anyone hears the message about the kingdom and does not understand it, the evil one comes and snatches away <u>what was sown in his heart</u>. (마13:19)

직역

천국에 대한 메시지를 듣고도 이해하지 못하면 악이 들어와서 그의 마음속에 심어졌던 것을 채어간다.

핵 심 구 조

동사 snatches + what....

단어 및 숙어의 확장

동 사 snatch 움켜잡다, 잡아채다, 앗아가다, 구해내다

참고
- 관계대명사 what이하는 snatches의 목적어가 되는 명사절이다.

의역

아무나 천국 말씀을 듣고 깨닫지 못할 때는 악한 자가 와서 그 마음에 뿌리운 것을 빼앗나니.

10 He produces a crop, yielding a hundred, sixty or thirty times what was sown. (마13:23)

직역

그는 곡식을 생산하여 뿌려졌던 것의 100배, 60배, 30배의 수확을 거둔다.

핵심구조

동사 produces / yields + what....

단어 및 숙어의 확장

동 사 yield 거두다, 수확하다

참고

• yielding은 and yielded로 바꿀 수 있다. 관계대명사 what이하는 yield의 목적어가 되는 명사절이다.

의역

결실하여 혹 백 배, 혹 육십 배, 혹 삼십 배가 되느니라.

11 So was fulfilled what was spoken through the prophet. (마13:35)

직역

예언자를 통하여 말 되어졌던 것은 그렇게 성취되었다.

핵심구조

동사 was fulfilled + what....

참고
- 도치된 위 문장을 바르게 배열하면, What was spoken through th prophet was fulfilled so.이다.
- 관계대명사 what이하는 이 문장의 주어가 되는 명사절이다.

의역

이는 선지자로 말씀하신바 ...함을 이루려 하심이니라.

12 When Jesus heard what had happened, he withdrew by boat privately to a solitary place. (마14:13)

직역

무슨 일이 일어났는지 들었을 때 예수님은 배로 외딴 장소에 조용히 물러나셨다.

핵심구조

동사 heard + what....

참고
• 관계대명사 what이 이끄는 what had happened는 heard의 목적어로 명사절이다.

의역

예수께서 들으시고 배를 타고 떠나사 따로 빈 들에 가시니.

13 What goes into a man's mouth does not make him 'unclean,' but what comes out of his mouth, that is what makes him 'unclean.' (마15:11)

직역

사람의 입으로 들어가는 것이 그를 '불결'하게 하는 것이 아니라, 입에서 나오는 것, 그것이 그를 '불결'하게 만든다.

핵심구조

what....+ 동사 does not make

참고
• 관계대명사 what에서 mouth까지는 이 문장에서 주어가 되는 명사절을 이끈다.

의역

입에 들어가는 것이 사람을 더럽게 하는 것이 아니라 입에서 나오는 그것이 사람을 더럽게 하는 것이니라.

14 These are what make a man 'unclean.' (마15:20)

직역

이것들이 사람을 '불결'하게 만드는 것들이다.

핵심구조

동사 are + what...

참고 • 관계대명사 what이하는 be동사 are의 보어가 되며 명사절을 이끈다.

의역

이런 것들이 사람을 더럽게 하는 것이요.

15 Don't tell anyone what you have seen, until the Son of Man has been raised from the dead. (마17:9)

직역

너희가 보았던 것을 누구에게든지 말하지 말라, 사람의 아들이 죽은 자들 가운데서 들어 올려 질 때까지.

핵심구조

동사 tell + what....

단어 및 숙어의 확장

명 사 the dead=dead people=죽은 자들

참고
- 의문대명사 what이하는 tell의 직접목적어가 되는 명사절이다.
- what이하의 문장은 완전하다. 원래대로 하면, What have you seen?이다.

의역

인자가 죽은 자 가운데서 살아나기 전에는 본 것을 아무에게도 이르지 말라.

16 "Pay back what you owe me!" he demanded. (마18:28)

직역

"네가 나에게 빚진 것을 돌려다오!"라고 그는 요구하였다.

핵심구조

동사 pay + what ...

단어 및 숙어의 확장

동 사 demand 요구하다

참고
- 관계대명사 what이 이끄는 what you own me는 pay의 목적어로서 명사절을 이끈다.

의역

"빚진 것을 갚으라!" 하매.

17 When the other servants saw what had happened, they were greatly distressed and went and told their master everything that had happened. (마18:31)

직역

다른 하인들이 일어난 일을 알았을 때 그들은 매우 괴로워하며 가서 그들의 주인에게 일어났던 모든 일을 말했다.

핵심구조

동사 saw + what...

단어 및 숙어의 확장

동사 distress 괴롭히다, 슬프게 하다, be distressed 고민하다, 괴로워하다

부사 greatly=very

참고

- 관계대명사 what이 이끄는 what had happened는 saw의 목적어로서 명사절을 이끈다.

의역

그 동관들이 그것을 보고 심히 민망하여 주인에게 가서 그 일을 다 고하니.

18 Therefore what God has joined together, let man not separate. (마19:6)

직역

그러므로 하나님이 함께 합쳐놓은 것을 인간이 떼어놓지 못하게 하라.

핵 심 구 조

what....+ 주어 man + 동사 separate

단어 및 숙어의 확장

동 사 separate 나누다, 떼어놓다

참고 • 관계대명사 what절은 separate의 목적어로서 명사절을 이끈다.

의역

그러므로 하나님이 짝지어 주신 것을 사람이 나누지 못할찌니라.

19 Don't I have the right to do <u>what I want with my own money</u>? (마20:15)

직역

내 자신의 돈으로 내가 하고 싶은 것을 할 권리를 내가 갖고 있지 않느냐?

핵 심 구 조

동사 do + what....

참고 • 관계대명사 what이하는 do의 목적어로서 명사절을 이끈다.

의역

내 것을 가지고 내 뜻대로 할 것이 아니냐?

20 You don't know what you are asking. (마20:22)

직역

너는 네가 무엇을 요청하는지 알지 못한다.

핵심구조

동사 know + what...

참고

- 의문대명사 what이하는 know의 목적어로서 명사절을 이끈다.
- what이하의 문장은 완전하다. 원래대로 하면, what are you asking? 이다.

의역

너희 구하는 것을 너희가 알지 못하는도다.

21 This took place to fulfill what was spoken through the prophet. (마21:4)

직역

이것은 예언자를 통해서 말되어진 것을 이루기 위해서 일어났다.

핵심구조

동사 fulfill + what...

단어 및 숙어의 확장

동 사 fulfill 성취하다

명 사 prophet 예언자

숙 어 take place 일어나다

참고
- 관계대명사 what이하는 spoken의 목적어로서 명사절을 이끈다.

의역

이는 선지자로 하신 말씀을 이루려 하심이라.

22 Do you hear <u>what these children are saying</u>? (마21:16)

직역

이 어린이들이 뭐라고 말하는지 들리나요?

핵심구조

동사 hear + what....

참고
- 의문대명사 what이하는 hear의 목적어로서 명사절을 이끈다.
- what이하의 문장은 완전하다. 원래대로 하면,
  what are these children saying? 이다.

의역

저희의 하는 말을 듣느뇨?

23 I tell you the truth if you have faith and do not doubt, not only can you do what was done to the fig tree, but also you can say to this mountain, 'Go, throw yourself into the sea,' and it will be done. If you believe, you will receive whatever you ask for in prayer. (마21:21)

직역

내가 진실로 말하노니 만약 너희가 믿음이 있고 의심이 없으면 너희는 무화과나무에게 행해진 것을 할 수 있을 뿐만 아니라 이 산에게 '가서, 네 자신을 바다 속에 던져라'고 말하면 그렇게 될 것이다. 만약 믿으면 너희는 기도 중에 너희가 요청하는 것을 무엇이든지 받을 것이다.

핵심구조

동사 do + what....

참고

- 관계대명사 what이 이끄는 what was done to the fig tree는 do의 목적어로서 명사절을 이끈다.
- whatever다음에는 주어+동사가 온다.

의역

내가 진실로 너희에게 이르노니 만일 너희가 믿음이 있고 의심치 아니하면 이 무화과나무에게 된 이런 일만 할 뿐 아니라 이 산더러 들려 바다에 던지우라 하여도 될 것이요 너희가 기도할 때에 무엇이든지 믿고 구하는 것은 다 받으리라.

24 Which of the two did what his father wanted? (마21:31)

직역

그 두 사람 중에서 누가 그의 아버지가 원하는 일을 했느냐?

핵심구조

동사 did + what...

참고
• 관계대명사 what이하는 did의 목적어가 되는 명사절을 이끈다. what은 그 자체가 선행사를 포함하고 있으므로 what을 the thing which로 바꿀 수 있다.

의역

그 둘 중에 누가 아비의 뜻대로 하였느뇨.

25 Give to Caesar what is Caesar's, and to God what is God's. (마22:21)

직역

가이사르의 것을 가이사르에게 주고 하나님의 것을 하나님께 드려라.

핵심구조

동사 Give + what...

참고
• 관계대명사 what이하는 give의 목적어가 되는 명사절을 이끈다.

의역

가이사의 것은 가이사에게, 하나님의 것은 하나님께 바치라.

26 But about the resurrection of the dead – have you not read what God said to you, "I am the God of Abraham, the God of Isaac, and the God of Jacob?" (마22:31-32)

직역

그러나 죽은 자들의 부활에 대해서---너희는 하나님께서 너희에게 "나는 아브라함의 하나님, 이삭의 하나님, 그리고 야곱의 하나님이다"고 하신 것을 읽지 못했느냐?

핵심구조

동사 read + what....

단어 및 숙어의 확장

명사 resurrection 부활 / the dead=dead people

참고
- 관계대명사 what이하는 명사절이다.
- what을 the thing which로 바꿀 수 있다.

의역

죽은 자의 부활을 의논할진대 하나님이 너희에게 말씀하신바 나는 아브라함의 하나님이요 이삭의 하나님이요 야곱의 하나님이로라 하신 것을 읽어보지 못하였느냐?

27 But do not do what they do, for they do not practice what they preach. (마23:3)

직역

그러나 그들이 하는 일을 하지 말라, 왜냐하면 그들은 그들이 설교하는 것을 실천하지 않기 때문이다.

핵심구조

동사 do + what... / 동사 practice + what....

참고
• 관계대명사 what이 이끄는 what they do는 두 번째 do의 목적어로서 명사절이고, what they preach는 practice의 목적어로 명사절이다.

의역

저희의 하는 행위는 본답지 말라 저희는 말만 하고 행치 아니하며.

28 They knew nothing about what would happen until the flood came and took them all away. (마24:39)

직역

그들은 무슨 일이 일어날 것인지에 대하여 아무 것도 몰랐다가 마침내 홍수가 나서 그들 모두를 쓸어가 버렸다.

핵심구조

동사 knew + what....

참고 • 관계대명사 what이 이끄는 what would happen은 전치사 about의 목적어로서 명사절이다

의역

홍수가 나서 저희를 다 멸하기까지 깨닫지 못하였으나.

29 See, here is what belongs to you. (마25:25)

직역

보라, 당신에게 속한 것이 여기에 있다.

핵심구조

동사 is + what....

단어 및 숙어의 확장

숙어 belong to ...에 속하다

참고 • 관계대명사 what은 is의 보어로서 명사절을 이끈다.

의역

보소서 당신의 것을 받으셨나이다.

30 I tell you the truth, wherever this gospel is preached throughout the world, what she has done will also be told, in memory of her. (마26:13)

직역

내가 너희에게 진실을 말하노니, 이 복음이 전 세계를 통하여 전파되는 곳마다 그녀가 했던 일도 그녀를 기념하기 위하여 말 되어질 것이다.

핵심구조

what....+ 동사 will also be told

단어 및 숙어의 확장

숙어 in memory of ...을 기념하여

참고
• 관계대명사 what이 이끄는 what she has done은 주어로서 명사절을 이끈다.

의역

내가 진실로 너희에게 이르노니 온 천하에 어디서든지 이 복음이 전파되는 곳에는 이 여자의 행한 일도 말하여 저를 기념하리라 하시니라.

31 Jesus replied, "Friend, do what you came for." (마26:50)

직역

예수님은 대답하셨다, "친구여 네가 온 목적을 행하여라.

핵심구조

동사 do + what....

참고
• 관계대명사 what이 이끄는 what you came for는 do의 목적어로서 명사절이다.

의역

예수께서 가라사대 친구여 네가 무엇을 하려고 왔는지 행하라 하신대.

32 Then what was spoken by Jeremiah the prophet was fulfilled: (마27:9)

직역

그때 예언자 예레미야가 말한 것이 성취되었다.

핵심구조

what....+ 동사 was fulfilled

참고
• 관계대명사 what이 이끄는 what was spoken by Jeremiah는 fulfilled는 주어로서 명사절이다.
• Jeremiah와 the prophet는 동격이다.

의역

이에 선지자 예레미야로 하신 말씀이 이루었나니.

Chapter 13

그런데 그가, 그런데 그를, 그런데 그것이

중요포인트

형태: who, whom, which가 쓰이는 문장을 관계대명사의 계속적 용법이라고 한다. 먼저 제한적 용법을 살펴보자.

He has two daughters who became doctors.라는 문장을 보자. 여기에서 who 이하는 two daughters를 뒤에서 수식하는 형용사절이다. 이렇게 수식하는 것을 제한적 용법이라고 한다. (딸이 여러 명 있는데 그 중에서 의사가 된 딸은 두 명이다)

그러면 계속적 용법이란 무엇인가? 계속적 용법은 반드시 who, whom, which의 앞에 comma (,)가 있어야 한다. [that과 what은 계속적 용법이 없다]

He has two daughters, who became doctors. 이 문장을 다시 바꿔 쓰면 다음과 같다.

He has two daughters, and they became doctors. (그에게는 딸이 두 명 있는데 그들은 둘 다 의사가 되었다)

즉 관계대명사의 계속적 용법: ,who ,whom ,which=접속사(and, but, for)+대명사로 바꿔 쓸 수 있다.

예시

- The man, who is poor, is very honest.
  = The man, though he is poor, is very honest. (비록 가난하지만, 그는 매우 정직하다)
- Everyone likes Chanmi, who is very kind.
  = Everyone likes Chanmi, for she is very kind. (모든 사람이 찬미를 좋아하는데, 그녀가 매우 친절하기 때문이다)

1 Woe to you, teachers of the law and Pharisees, you hypocrites ! You are like whitewashed tombs, which look beautiful on the outside but on the inside are full of dead men's bones and everything unclean. (마23:27)

직역

화 있을진저, 너희 위선자인 서기관들과 바리새인들이여! 너희들은 회반죽을 한 무덤과 같다. 왜냐하면 회반죽한 무덤은 밖으로는 아름답게 보여도 내부에서는 죽은 자들의 뼈와 불결한 모든 것으로 가득 차 있기 때문이다.

핵심구조

which + 동사 look

단어 및 숙어의 확장

명 사 hypocrite 위선자

형용사 whitewashed 회반죽을 바른

참고 • ,which는 계속적 용법으로서 for they로 바꿀 수 있다.

의역

화 있을진저 외식하는 서기관들과 바리새인들이여 회칠한 무덤 같으니 겉으로는 아름답게 보이나 그 안에는 죽은 사람의 뼈와 모든 더러운 것이 가득하도다.

2 And so upon you will come all the righteous blood that has been shed on earth, from the blood of righteous Abel to the blood of Zechariah son of Berekiah, whom you murdered between the temple and the altar. (마23:35)

직역

의로운 아벨의 피로부터 베레기아의 아들 제카라이어의 피에 이르기까지, 왜냐하면 너희가 성전과 제대사이에서 살해했던 이가 제카라이어이기 때문에, 지상에 흘려진 모든 정의로운 피가 너희에게 그렇게 이를 것이다.

핵심구조

,whom + 주어 you + 동사 murdered

단어 및 숙어의 확장

명 사 the righteous=righteous people / altar 제대

동 사 shed 흘리다

참고

- ,whom은 계속적 용법으로서 for you murdered them between the temple and the altar로 바꿀 수 있다.
- 이 문장의 전체의 주어는 all the righteous blood이다 / that이하는 the righteous blood를 수식하는 형용사절이다.
- 도치된 문장이다. 바르게 고치면, All the righteous blood that.... will come upon you so.가 된다.

의역

그러므로 의인 아벨의 피로부터 성전과 제단 사이에서 너희가 죽인 바라갸의 아들 사가랴의 피까지 땅위에서 흘린 의로운 피가 다 너희에게 돌아가리라.

3 Again, it will be like a man going on a journey, who called his servants and entrusted his property to them. (마25:14)

직역

다시 말하자면, 그것은 여행을 가는 사람과 같을 것이다. 그는 하인들을 불러서 그의 재산을 그들에게 위탁하였다.

핵심구조

,who + 동사 called

단어 및 숙어의 확장

동사 entrust 위탁하다, 맡기다, 위임하다

명사 property 재산

참고 • ,who는 계속적 용법으로서 and he로 바꿀 수 있다.

의역

또 어떤 사람이 타국에 갈 제 그 종들을 불러 자기 소유를 맡김과 같으니.

Chapter 14

그런데 거기에서, 그런데 그때

중요포인트

> **형태: ,where 또는 ,when이 쓰이는 문장을 관계부사의 계속적 용법이라고 한다.**

먼저 제한적 용법을 살펴보자.

This is the apartment and they live in it.라는 문장을 보자. 여기에서 apartment와 it은 같다. in it을 장소를 나타내는 where라는 관계부사로 바꾼 다음 문장을 쓰면 This is the apartment where they live.(이곳은 그들이 사는 아파트이다)가 된다. 이때 where they live는 apartment를 뒤에서 수식하는 형용사절이다. 이렇게 수식하는 것을 제한적 용법이라고 한다.

그러면 계속적 용법이란 무엇인가? 계속적 용법은 반드시 where나 when의 앞에 comma (,)가 있어야 한다.

They went to New York, where they stayed for a week.
(그들은 뉴욕에 갔는데, 그곳에서 일주일 머물렀다)

이때, where를 and there로 바꿀 수 있다.

They went to New York, and they stayed there for a week.

또 시간을 나타낼 경우에는 when이 쓰인다.

I stayed in New York, when I happened to meet one of my friends.

I stayed in New York, and then I happened to meet one of my friends.
(나는 뉴욕에 머물렀는데, 그때 우연히 내 친구 중의 한 명을 만났다)

☞ 이때 반드시 and만 쓰는 것이 아니라 문장내용에 따라서 but이나 for를 쓸 수도 있다.

1 And he left them and went out of the city to Bethany, where he spent the night. (마21:17)

직역

그리하여 그는 그들을 떠나서 그 도시를 나와서 베다니로 갔다. 그리고 거기에서 그는 밤을 보냈다.

핵심구조

,where + 주어 he + 동사 spent

단어 및 숙어의 확장

Bethany 베다니-

참고
• ,where는 and there로 바꿀 수 있다.

의역

그들을 떠나 성 밖으로 베다니에 가서 거기서 유하시니라.

2 Then the king told the attendants, "Tie him hand and foot, and throw him outside, into the darkness, where there will be weeping and gnashing of teeth." (마22:13)

직역

그때 왕은 수행원들에게 말했다, "그의 손발을 완전히 묶고 바깥 어둠 속으로 내던져라, 그곳에서는 눈물흘림과 이를 갊이 있을 것이다."

핵 심 구 조

where + there + 동사 will be + 주어 weeping and gnashing of teeth

단어 및 숙어의 확장

명 사 attendant 시종, 수행원, 종자

동 사 gnash (분노,유감따위로) 이를 갈다, 노여움을 노골적으로 나타내다

숙 어 hand and foot 손도 발도, 완전히 사람을 묶다

참고 • ,where는 and there로 바꿀 수 있다.

의역

임금이 사환들에게 말하되 그 수족을 결박하여 바깥 어두움에 내어던지라 거기서 슬피 울며 이를 갊이 있으리라 하니라.

3 He will cut him to pieces and assign him a place with the hypocrites, where there will be weeping and gnashing of teeth. (마24:51)

직역

그는 그(하인)를 혹평하며 위선자들과 함께 자리에 할당할 것이다. 그리하여 그곳에는 눈물흘림과 이를 갊이 있을 것이다.

핵 심 구 조

where + there + 동사 will be + 주어 weeping and gnashing of teeth

단어 및 숙어의 확장

동 사 assign 할당하다, 지정하다 / gnash 이를 갈다

명 사 hypocrite 위선자

숙 어 cut to(in) pieces=난도질하다, 혹평하다

참고
- ,where는 and there로 바꿀 수 있다.

의역

엄히 때리고 외식하는 자의 받는 율(律)에 처하리니 거기서 슬피 울며 이를 갊이 있으리라.

4 And throw <u>that</u> worthless servant outside, into the darkness, <u>where</u> there will be weeping and gnashing of teeth. (마25:30)

직역

그리고 저 무익한 종을 밖으로, 어둠 속으로 내던지라, 거기에서 그는 눈물흘림과 이를 갊이 있을 것이다.

핵심구조

where + there + 동사 will be + 주어 weeping and gnashing of teeth

단어 및 숙어의 확장

동 사 gnash 이를 갈다

참고
- ,where는 계속적 용법의 관계부사로서 and there로 바꿀 수 있다.
- that은 worthless라는 형용사를 수식하는 지시부사이다.

의역

이 무익한 종을 바깥 어두운 데로 내어 쫓으라 거기서 슬피 울며 이를 갊이 있으리라.

5 Those who had arrested Jesus took him to Caiaphas, the high priest, where the teachers of the law and the elders had assembled. (마26:57)

직역

예수님을 체포했던 사람들은 그를 대제사장 가야바에게로 데리고 갔다. 왜냐하면 거기에는 서기관들과 장로들이 모여 있었기 때문이었다.

핵심구조

where + 주어 the teachers of the law & the elders + had + assembled

단어 및 숙어의 확장

동 사 arrest 체포하다 / assemble 모이다

숙 어 take+사람+to+장소=...를 어디로 데리고 가다

참고

- those다음에는 people이 생략되어 있다.
- Caiaphas와 the high priest는 동격이다.
- ,where는 for there로 바꿀 수 있다.

의역

예수를 잡은 자들이 끌고 대제사장 가야바에게로 가니 거기 서기관과 장로들이 모여 있더라.

6 Then he went out to the gateway, <u>where</u> another girl saw him and said to the people there, "This fellow was with Jesus of Nazareth." (마26:71)

직역

그때 그는 앞문까지 갔는데, 그곳에서 또다른 여자가 그를 보고 거기 있는 사람들에게 말하였다, "이 사람은 나자렛 예수와 함께 있었소."

핵심구조

where + 주어 another girl + 동사 saw / said

참고
- ,where는 and there로 바꿀 수 있다.

의역

앞문까지 나아가니 다른 비자(婢子)가 저를 보고 거기 있는 사람들에게 말하되 이 사람은 나사렛 예수와 함께 있었도다 하매.

Chapter 15

놀랍게도

중요포인트

형태: to + one's + 추상명사=...하게도

예) To my joy=내가 기쁘게도 / To his surprise=그가 놀랍게도

To her sadness=그녀가 슬프게도

1 But Jesus made no reply, not even to a single charge—to the great amazement of the governor. (마27:14)

직역

그러나 예수님은 대답을 안했고, 단 한 마디의 비난도 하지 않았다—총독이 매우 놀랄 정도로.

핵심구조

to + the + great + amazement

단어 및 숙어의 확장

명사 charge 비난 / amazement 놀람, 경악 / governor 총독, 주지사

참고
- to the great amazement of the governor는 to the governor's great amazement와 같다.

의역

한 마디도 대답지 아니하시니 총독이 심히 기이히 여기더라.

Chapter 16

귀중한

중요포인트

형태: of+추상명사=형용사(구)
예) of value=valuable=귀중한 /
of importance=important=중요한 /
of use=useful=유용한

1 When he found one of great value, he went away and sold everything ✓ he had and bought it. (마13:46)

직역

그가 매우 귀중한 것을 하나 발견하면 떠났다가 자신이 가진 모든 것을 다 팔아서 그것을 샀다.

핵심구조

of + great + value

단어 및 숙어의 확장

of value=valuable / of great value=very valuable=매우 귀중한

참고 • everything과 he 사이에는 목적격 관계대명사 that이 생략되어 있다.

의역

극히 값진 진주 하나를 만나매 가서 자기의 소유를 다 팔아 그 진주를 샀느니라.

2 "You, of little faith," he said, "why did you doubt?" (마14:31)

직역

예수님이 말씀하셨다, "너, 믿음이 결여된 자여, 왜 의심하였느냐?"

핵심구조

of + little + faith

단어 및 숙어의 확장

숙어 of little faith=믿음이 거의 없는

의역

가라사대 믿음이 적은 자여 왜 의심하였느냐 하시고.

Chapter 17

젊은이들에게

중요포인트

형태: the + 형용사=복수보통명사가 들어있는 문장
the+ 형용사는 복수보통명사가 된다.
예를 들면, the old = old people=나이든 사람들
the rich=rich people=부자들
the poor=poor people=가난한 사람들
the kind=kind people=친절한 사람들
the young=young people=젊은이들

1 When evening came, many who were demon-possessed were brought to him and he drove out the spirits with a word and healed all the sick. (마8:16)

직역

저녁이 되었을 때, 마귀가 들린 수많은 사람들이 그에게 데려와졌고 그는 말 한 마디로 악령을 쫓아버리고 병든 사람들 모두를 치료하였다.

핵심구조

the + sick

단어 및 숙어의 확장

형용사 demon-possessed 마귀 들린
숙 어 drive out 축출하다
명 사 the sick=sick people=병든 사람들

의역

저물매 사람들이 귀신 들린 자를 많이 데리고 예수께 오거늘 예수께서 말씀으로 귀신들을 쫓아내시고 병든 자를 다 고치시니.

2 Heal the sick, raise the dead, cleanse those who have leprosy, drive out demons. (마10:8)

직역

병든 자들을 치료해주고, 죽은 자들을 들어 올려주며, 나병환자들을 씻어주며 악마를 몰아내라.

핵심구조

the + sick / the + dead

단어 및 숙어의 확장

명사 the sick=sick people, the dead=dead people, those=those people

의역

병든 자를 고치며 죽은 자를 살리며 문둥이를 깨끗하게 하며 귀신을 쫓아내되.

3 The blind receive sight, the lame walk, those who have leprosy are cured, the deaf hear, the dead are raised, and the good news is preached to the poor. (마11:5)

직역

눈이 먼 자들은 눈이 보이고, 절름거리는 자들은 걸으며, 나병환자들은 치료되고, 귀먹은 자들은 들리며, 죽은 자들은 일어나고, 복음이 가난한 자들에게 설교된다.

핵심구조

the + blind / the + lame / the + deaf / the + dead / the + poor

단어 및 숙어의 확장

the blind=blind people=눈 먼 사람들 /
the lame=lame people=절름거리는 사람들 /
the deaf=deaf people=귀가 먼 사람들 /
the dead=dead people=죽은 사람들 /
the poor=poor people=가난한 사람들

의역

소경이 보며 앉은뱅이가 걸으며 문둥이가 깨끗함을 받으며 귀머거리가 들으며 죽은 자가 살아나며 가난한 자에게 복음이 전파된다.

4 If you had known what these words mean, 'I desire mercy, not sacrifice,' you would not have condemned the innocent. (마12:7)

직역

만약 이 말이 의미하는 것 '나는 희생이 아니라, 자비를 원한다'를 알았더라면 너희들은 죄 없는 자들을 비난하지는 않았을 것이다.

핵심구조

the + innocent

단어 및 숙어의 확장

동사 sacrifice 희생하다 / condemn 비난하다, 선고하다, 운명지우다
명사 the innocent=innocent people=순진한 사람들, 죄 없는 사람들

의역

나는 자비를 원하고 제사를 원치 아니하노라 하신 뜻을 너희가 알았더면 무죄한 자를 죄로 정치 아니하였으리라.

5 Then the righteous will shine like the sun in the kingdom of their Father. (마13:43)

직역

그리하여 정의로운 사람들은 그들의 아버지의 왕국에서 태양처럼 빛날 것이다.

핵 심 구 조

the + righteous

단어 및 숙어의 확장

명 사 the righteous=righteous people=정의로운 사람들

의역

그 때에 의인들은 자기 아버지 나라에서 해와 같이 빛나리라.

6 The angels will come and separate <u>the wicked</u> from <u>the righteous</u> and throw them into the fiery furnace, where there will be weeping and gnashing of teeth. (마13:49-50)

직역

천사들이 와서 정의로운 자들로부터 사악한 자들을 분리시켜서 사악한 자들을 불구덩이에 던져버릴 것이다. 그 불구덩이에서 울부짖음과 이를 갊이 있을 것이다.

핵 심 구 조

the + wicked / the + righteous

단어 및 숙어의 확장

형용사 fiery 불길의, 불타는, 노여움에 이글거리는, 격렬한
동 사 gnash (분노, 고통 따위로)이를 갈다
명 사 the wicked=wicked people=사악한 사람들/ the righteous=righteous people=정의로운 사람들 / furnace 아궁이, 화덕, 용광로

의역

천사들이 와서 의인 중에서 악인을 갈라내어 풀무 불에 던져 넣으리니 거기서 울며 이를 갊이 있으리라.

7 This is John the Baptist; he has risen from the dead ! (마14:2)

직역

이 사람은 세례자 요한이다; 그는 죽은 자들로부터 부활하였다.

핵심구조

the + dead

단어 및 숙어의 확장

명 사 the dead=dead people=죽은 사람들

의역

이는 세례 요한이라 저가 죽은 자 가운데서 살아났으니.

8 Great crowds came to him, bringing the lame, the blind, the crippled, the mute and many others, and laid them at his feet, and he healed them. (마15:30)

직역

엄청난 군중들이 그에게 왔다. 그들은 절름거리는 자들, 눈먼 자들, 불구자들, 벙어리들과 수많은 다른 사람들을 데리고 와서 그의 발치에 눕혔고 그는 그들을 치료해주었다.

핵심구조

the + lame / the + blind / the + crippled / the + mute

단어 및 숙어의 확장

명사 the lame=lame people / the blind=blind people / the crippled=crippled people / the mute=mute people

참고

• bringing은 and brought로 바꿀 수 있다.

의역

큰 무리가 절뚝발이와 불구자와 소경과 벙어리와 기타 여럿을 데리고 와서 예수의 발 앞에 두매 고쳐주시니.

9 If you want to be perfect, go, sell your possessions and give to the poor, and you will have treasure in heaven. (마19:21)

직역

만약 완벽해지기를 원한다면, 가서, 너의 소유물을 다 팔아서 가난한 사람들에게 주어라, 그러면 너는 천국에서 보배를 갖게 될 것이다.

핵심구조

the + poor

단어 및 숙어의 확장

명사 possessions 소유물 / the poor=poor people

의역

네가 온전하고자 할진대 가서 네 소유를 팔아 가난한 자들을 주라 그리하면 하늘에서 보화가 네게 있으리라.

10 The blind and the lame came to him at the temple, and he healed them. (마21:14)

직역

맹인들과 절름거리는 사람들이 성전에 있는 그에게 왔고 그는 그들을 치료해주셨다.

핵 심 구 조

the + blind / the + lame

단어 및 숙어의 확장

동 사 heal 치료하다
명 사 the blind=blind people / the lame=lame people / temple 성전

의역

소경과 저는 자들이 성전에서 예수께 나아오매 고쳐주시니.

11 He is not the God of the dead but of the living. (마22:32)

직역

그는 죽은 자들의 하나님이 아니라 산 자들의 하나님이다

핵 심 구 조

the + dead / the + living

단어 및 숙어의 확장

명 사 the living=living people= 살아있는 사람들
숙 어 not A but B=A가 아니라 B이다

의역

하나님은 죽은 자의 하나님이 아니요 산 자의 하나님이시니라.

12 Then the righteous will answer him, 'Lord, when did we see you hungry and feed you, or thirsty and give you something to drink? (마25:37)

직역

그러자 의인들은 그에게 대답할 것이다, '주님, 우리가 언제 당신이 굶주린 것을 보고 먹을 것을 주었으며 당신이 목마를 때에 마실 것을 주었나이까?'

핵 심 구 조

the + righteous

단어 및 숙어의 확장

명 사 the righteous=righteous people=정의로운 사람들, 의인들

의역

이에 의인들이 대답하여 가로되 주여 우리가 어느 때에 주의 주리신 것을 보고 공궤하였으며 목 마른신 것을 보고 마시게 하였나이까?

13 He has risen from the dead and is going ahead of you into Galilee. (마28:7)

직역

그는 죽은 자들로부터 부활하셨고 너희보다 앞서서 갈릴리로 가실 것이다.

핵 심 구 조

the + dead

단어 및 숙어의 확장

숙 어 ahead of=...의 앞에

명 사 the dead=dead people

의역

그가 죽은 자 가운데서 살아나셨고 너희보다 먼저 갈릴리로 가시나니.

Chapter 18

하나님의 은혜가 있기를 !

중요포인트

형태: May + 주어 + 동사 !
may로 시작하는 기원문이 쓰인 문장
해석방법: ...하기를 (바란다)

예시

- May you succeed ! (성공하기를 !)
- May you be happy ! (행복하기를 !)
- May God protect you and your family !
  (하나님이 당신과 당신가족을 보호하시기를 !)

1 He went away a second time and prayed, "My Father, if it is not possible for this cup to be taken away unless I drink it, may your will be done." (마26:42)

직역

그는 잠깐 간 뒤에 기도하였다, "아버지여, 만약 내가 이 잔을 마시지 않을 경우 이 잔을 나로부터 멀리하는 것이 불가능하다면, 당신의 뜻이 이루어지게 하시옵소서."

핵심구조

may + 주어 your will + 동사 be done

단어 및 숙어의 확장

명 사 will 의지, 의지력

접속사 unless=if...not=...하지 않으면

의역

다시 두 번째 나아가 기도하여 가라사대 내 아버지여 만일 내가 마시지 않고는 이 잔이 내게서 지나갈 수 없거든 아버지의 원대로 되기를 원하나이다 하시고.

부록(Appendix)

4복음서 (4권)의 이름과 약자표기와 총 chapter

마태복음 (Matthew)	→ 마 (Matt)	(Mt.)	→ 1장~28장
마가복음 (Mark)	→ 막 (Mark)	(Mk.)	→ 1장~16장
누가복음 (Luke)	→ 눅 (Luke)	(Lk.)	→ 1장~24장
요한복음 (John)	→ 요 (John)	(Jn.)	→ 1장~21장

마태복음(Matthew)에 나오는 중요지명과 뜻

(가)

가나안: Canaan (=낮은 땅, 갈대, 자주빛 소라의 땅)

가다라: Gadarenes (=성을 둘렀다. 일명 거라사)

가버나움: Capernaum (=위로의 촌)

가이사랴 빌립보: Caesarea Philippi (분봉왕 헤롯 빌립의 이름을 붙임)

갈릴리: Galilee (=고리, 주변) (=둥글다)

게네사렛: Gennesaret (=히브리어로 '황태자의 정원)(갈릴리바다의 또 다른 이름)

겟세마네: Gethsemane (=기름 짜는 틀)

고라신: Korazin (=나무 많은 곳)

고모라: Gomorrah (=물이 많다)

골고다: Golgotha (=The place of the skull)(=해골산)

구레네: Cyrene (=담)

(나)

나사렛: Nazareth (=감시자) (=거룩하다)

납달리: Naphtali (=다툼)

니느웨: Nineveh (=여신)

(다)

데가볼리: Decapolis (=열 heat의 성읍)

두로: Tyre (=바위)

(바)

베다니: Bethany (=슬픔의 집)
베들레헴: Bethlehem (=떡집)
벳바게: Bethphage (=무화과의 집)
벳새다: Bethsaida (=어부의 집)

(사)

소돔: Sodom (=에워싸인 장소)
수리아: Syria (=고상)
스불론: Zebulun (=동거)
시돈: Sidon (=노략물)

(아)

애굽: Egypt (=검은 땅)
여리고: Jericho (=향기)
예루살렘: Jerusalem (예루=기초/살렘=평화)(평화의 도시)
요단강: River Jordan (=급한 여울)
유대: Judea (=찬송)
이스라엘: Israel (=하나님이 싸워주심)

마태복음(Matthew)에 나오는 인물과 뜻

(가)

가룟 유다: Judas Iscariot (=찬양받다) (가룟=케리옷의 사람)
가야바: Caiaphas (=오목하다, 비어있다)
가이사: Caesar (=로마황제의 칭호)

(나)

노아: Noah (=위로)

(다)

다니엘: Daniel (=하나님은 나의 재판장)

다대오: Thaddaeus (=칭찬함)

도마: Thomas (=쌍둥이)

(마)

마태: Matthew (=하나님의 선물)

모세: Moses (=물에서 건져냄)

(바)

바돌로매: Bartholomew (=돌매의 아들)

바라바: Barabbas (=아버지의 아들)

바알세불: Beelzebub (=파리의 왕)

베드로: Peter (=반석)

빌라도: Pilate (=창을 가짐)

빌립: Phillip (=말을 사랑하는 사람)

(사)

세례 요한: John the Baptist (=요한=여호와는 은혜로우심)

시몬: Simon (=총)

(아)

아벨: Abel (=생기)

아브라함: Abraham (=열국의 아버지)

안드레: Andrew(=남성적)

예레미야: Jeremiah (=여호와가 높여주신다=여호와께서 높임받으신다)

예수 그리스도: Jesus (=여호와께서 도와주신다=여호와께서 구원하신다)
Christ (=구세주)

야고보: James (=발 뒷축을 잡음)

요나: Jonah (=비둘기)

요셉: Joseph (=하나님께서 더하신다)

이사야: Isaiah (=여호와의 구원)

(하)

헤롯왕: King Herod (=영웅의 아들)

마태복음(Matthew)에 나오는 직업 또는 직위

(다)
대제사장: chief priest
동방박사: the Magi from the east

(바)
백부장: centurion

(사)
서기관: teachers of the law
세리: tax collector
소작인: tenant

(아)
율법사: an expert in the law

(자)
장로들: the elders
제사장: priest

(차)
청지기: foreman
총독: governor

(타)
토기장이: potter

마태복음(Matthew)에 나오는 인종

바리세인: Pharisee
사두개인: Sadducee

외워두면 좋을 짤막한 성경구절(마태복음)

1) 너희는 세상의 소금이다
You are the salt of the earth. (마5:13)

2) 너희는 세상의 빛이다
You are the light of the world. (마5:14)

3) 그러므로 깨어있으라 !
Therefore keep watch ! (마24:42)

4) 회개하라 천국이 가까웠느니라
Repent, for the kingdom of heaven is near. (마3:2)

5) 너희는 주의 길을 예비하라
Prepare the way for the Lord. (마3:3)

6) 그는 성령과 불로 너희에게 세례를 주실 것이요
He will baptize you with the Holy Spirit and with fire. (마3:11)

7) 이는 내 사랑하는 아들이요 내 기뻐하는 자라
This is my Son, whom I love; with him I am well pleased. (마3:17)

8) 내가 세상 끝날까지 너희와 항상 함께 있으리라
I am with you always, to the very end of the age. (마28:20)

9) 나를 따라 오너라 내가 너희로 사람을 낚는 어부가 되게 하리라
Follow me, and I will make you fishers of men. (마4:19)

10) 너희 원수를 사랑하며 너희를 핍박하는 자를 위하여 기도하라
Love your enemies and pray for those who persecute you. (마5:44)

11) 구하라 그러면 너희에게 주실 것이요 찾으라 그러면 찾을 것이요 문을 두드리라 그러면 너희에게 열릴 것이니라
Ask, and it will be given to you; seek, and you will find; knock, and the door will be opened to you. (마7:7)

12) 수고하고 무거운 짐 진 자들아 다 내게로 오라 내가 너희를 쉬게 하리라
Come to me, all you who are weary and burdened, and I will give you rest. (마11:29)

13) 그런즉 깨어 있으라 너희는 그 날과 그 시를 알지 못하느니라.
Therefore keep watch, because you do not know the day or the hour. (마25:13)

14) 그날과 그때는 아무도 모르나니 하늘의 천사들도, 아들도 모르고, 오직 아버지만 아시나니
No one knows about that day or hour, not even the angels in heaven, nor the Son, but only the Father. (마24:36)

15) 사람이 떡으로만 살 것이 아니요 하나님의 입으로 나오는 모든 말씀으로 살 것이라
Man does not live on bread alone, but on every word that comes from the mouth of God. (마4:4)

마태복음(Matthew)에 나오는 절기

유월절: the Passover (마26:1):

한자로는 逾越節로서 '넘을' 유, '넘을' 월이다. 유대인의 축일이다. 사람이 손노릇 하는 유대사람을 핍박할 때에 하나님께서 이집트 사람에게 만아들과 짐승의 맏새끼 죽는 재앙을 내릴 때에 유대사람은 문설주에 양의 피를 뿌리므로 천사가 그 집을 건너가서(그냥 지나쳐 가서: passed over) 이집트 사람만 재앙을 받았기 때문에 기념하는 절기. 매년 그날에는 특별한 음식을 먹었는데 이것이 바로 누룩 없는 빵(unleavened bread)이다.

마태복음(Matthew)에 나오는 환자

(가)

귀머거리들: the deaf

(마)

문둥이들: those who have leprosy

(바)

벙어리들: the mute

(사)

소경들: the blind

손 마른 사람: a man with a shriveled hand

(아)

앉은뱅이들: the crippled

외식(外飾)하는 자들: hypocrites

(자)

절뚝발이들, 불구자들: the lame

중풍병자: the paralytic

(하)

혈루증 앓는 여자: a woman who had been subject to bleeding

마태복음(Matthew)에 나오는 그 밖의 단어들

(가)

가라지: the weeds

겨자씨: mustard seed

금식(하다): fast

(나)

누룩: yeast

(아)

안식일: the Sabbath

(하)

홍포(紅袍): scarlet robe

회당: synagogue

예수님의 사역

가나 Canaan	물을 포도주로 변화시키시다 (Jesus changes water to wine)
가다라 Gadarenes	귀신들린 자를 고치시다 (The healings of two demon-possessed men)
가이샤랴 빌립보 Caesarea Philippi	죽음을 예고하시다 (Jesus predicts his death)
갈릴리바다 the Sea of Galilee	물 위를 걸으시고 폭풍을 잠잠케 하시다 (Jesus walks on the water)
가버나움 Capernaum	백부장의 종, 중풍병자, 베드로의 장모를 고치시다, 야이로의 딸을 다시 살리시다 (Jesus heals the servant of a centurion, a paralytic, and Peter's mother-in-law. The dead daughter whose father was Jarius was alive by Jesus)
거라사 Gerasenes	한 귀신들린 자를 고치시다 (The healings of a demon-possessed man)
고라신 Korazin	산상수훈을 가르치시다 (The Beatitudes)
나자렛 Nazareth	소년시절을 보내시다 (Jesus lived in Nazareth)
나인 Nain	과부의 아들을 다시 살리시다 (Jesus raises a widow's son)
두로 Tyre	가나안 여인의 병을 고치시다 (The faith of the Canaanite woman)
베다니 Bethany	기름부음 받으시다 (Jesus anointed at Bethany)
베다니 Bethany	나자로를 다시 살리시다 (Jesus raises Lazarus from the dead)
베들레헴 Bethlehem	태어나시다 (The Birth of Jesus Christ)
벳세다 Bethsaida	눈 먼 자를 고치시다: 오천 명을 먹이시다 (The healing of a blind man at Bethsaida)(Jesus feeds the five thousand)
수가 Sychar	사마리아여인과 대화하시다 (Jesus talks with a Samaritan woman)
엠마오 Emmaus	부활 후 두 제자들에게 나타나시다 (On the road to Emmaus)
여리고 Jericho	맹인 바디매오를 고치시다/ 삭개오를 부르시다 (Blind Bartimaeus receives his sight) (Zacchaeus the tax collector)
예루살렘 Jerusalem	십자가 처형 받으시고 부활하시다 (The Crucifixion/ Death/ The Resurrection)
요단강 Jordan	세례받으시다 (The Baptism of Jesus)

참고문헌

[국내서적]

강병도 편. 「빅 라이프성경」. 서울: 기독지혜사, 1996.
김복희. 「Upgrade영문법:기초에서 토익토플까지」. 서울: 한국문화사, 2003.
김의원 편. 「NIV 한영해설성경」. 서울: 성서원, 2006.
류태영. 「이스라엘 바로알기」. 서울: 제네시스, 2006.
안준호. 「10일간의 성지순례」. 서울: 열린책들, 1994.
이종성 편. 「베스트성경」. 서울: 성서원, 1999.
이희철. 「지리로 본 성서의 세계」. 서울: 생명의말씀사, 1997.

[국외서적]

Kirn Elaine & Hartmann Pamela. *Interactions One: A Reading Skills Book.* N.Y.:The McGraw-Hill Companies, Inc., 1996.
The Holy Bible: New International Version. Colorado Springs: International Bible Society, 1984.

[번역서]

Jenkins, Simon. *Bible Mapbook.* 박현덕 옮김. 「성경과 함께 보는 지도」. 서울: 목회자료사, 1991.
生田 哲. *はや-わかり せいしょう.* 김수진 옮김. 「하룻밤에 읽는 성서」. 서울: 랜덤하우스, 2007.